了不起的时间管理

让你人生效率翻倍的七步投资法

唐希媛◎著

中国法制出版社
CHINA LEGAL PUBLISHING HOUSE

序

Preface

时间投资学

又是一个加班的夜晚，偌大的办公室里只剩我自己，我连续工作了十几个小时，连回家的力气都快被耗尽了。

正当我准备收拾一下回家的时候，一位回公司拿资料的总监看见我，对我说了一句："年轻真好。"

"除了胶原蛋白还有什么？"我问。

"你还有时间，你的未来取决于你怎么利用时间。"当时工作严重超负荷的我，已无力去思考这句话，只是礼貌地说了声"谢谢"。自从毕业后来到这家公司，我在大学时期积累的所有的自信全部被耗光。我以前是学生会副主席、一等奖学金连续获得者、优秀毕业生，到了这里好像又变成了小学一年级的"小豆包"。公司里北大清华毕业、海归、博士，都是"标配"，并且同事年龄普遍比我大，我常常感到焦虑、迷茫、无助，不知道什么时候自己才能胜任眼前的工作，也不知道自己的未来在哪里，只知道自己每天从早忙到晚，有时还忙到半夜3点，累到号啕大哭一两个小时，早上洗个澡再继续上班。这句“你还有时间”并未触动到我，我只觉得时间不够用。

时间，是你的隐形资产

不知道你有没有遇到过这种情况，有时候就是那么一瞬间，原本让你没什么感觉的一句话，会突然触动你，让你感觉好像突然间被打通了“任督二脉”。我回家洗澡的时候在一瞬间认识到：我虽然没有多少金钱和资历，但是我还有时间，**时间就是我的隐形资产，就跟金钱一样。金钱可以用来消费，可以用来投资，时间也是。我可以把时间拿来挥霍，也可以拿来投资，在未来创造更大的价值。只要我现在把每一笔时间资产都用在刀刃上，增加我的投资回报率，那么未来我就能享受到时间的复利，我的成长曲线将会是一个指数曲线！**这个想法令我异常兴奋。我从小耳濡目染父母炒股，自己从大学时期就开始炒股，已经有了一些投资理财的经验。将“时间”和“投资”联系起来，让我对时间有了不一样的认识。也正是这个契机，让我拾起儿时的梦想：成为一名华尔街的投行女精英。

接下来的日子并不好过，我不仅要完成眼前的工作，还要挤出时间备考托福和美国研究生入学考试（GRE），时间非常紧张。我几乎学尽了市面上能找到的时间管理课，什么番茄钟工作法、三只青蛙时间管理法、时间折叠法、四象限法，我都一一尝试。功夫不负有心人，我的确从中受益良多，最开始我还经常为做事顾此失彼而崩溃，后来，我已经能游刃有余地安排工作和学习了。工作上，我被老板破格提拔，成为公司升职加薪最快的员工；学习上，我花6个月时间考完托福和GRE，拿到理想学校的录取通知书。可以大言不惭地说，那时候，我自认为是个时间管理的高手了，我可以把时间资产利用到极致，尽力拿回最高的收益率。

时间投资，既要有技法，更要有心法

然而，正当我意气风发来到美国，准备迎接人生新篇章时，命运却跟我开了一场玩笑。

2015年7月23日我到达美国，8月8日那天，从沃尔玛超市出来，车刚开到主路上，只听见“砰”的一声巨响，我被惯性冲击得撞向前排座椅，又狠狠颠回，之后呼啸横飞的玻璃碴儿从耳后和头顶划过，我感到大脑一片空白。

“Can you hear me?”（你能听到我说话吗？）“Is anyone still alive?”（还有人活着吗？）车窗外，路过的美国人一遍遍地喊。那一刻的我只觉得好像有一个灵魂在看着自己上演一部美国大片：警车、救护车、汽笛和人发出的声音……让周围陷入一片混乱和喧嚣。

后来，这场交通事故被鉴定为一级，也就是最高级别。这次车祸给我留下脊柱错位、胸骨错位、内分泌失调、双膝受损等一系列问题。刚开始我几乎不能走路，每迈一步，双腿都疼得使我呐喊，感觉膝盖无法支持住身体，而小腿也不太受控制……除了身体上的疼痛，更难熬的是心理上的崩溃，害怕自己后半辈子要坐在轮椅上，我无法忍受大街上的鸣笛声，面对阴天下雨时身体的剧痛感到恐惧……

之后的日子里，我一边做复健，一边继续回学校上课。但是我发现，我的计划似乎再也完不成了，我无法控制自己的行为：立下Flag（指下定决心）要早睡早起，结果晚上一刷手机就停不下来，早上闹钟响了一遍又一遍，都被我随手按掉；说好先完成课程作业，却一头扎进电视剧里无法自拔。我无法控制自己的情绪，惶恐、愤怒、无助、不甘、焦虑……一旦情绪爆发，更别提什么时间计划本了。我再也不是那个努力上进的Luna了，我知道自己在浪费时间、虚度生命，可是却无力改变。

此刻的我，再不敢说自己是时间管理的高手，以前学到的时间投资方法全都失效了！我这才悟到，**金钱投资需要技法和心法，时间投资也是。当我们的心理状态不好或负面情绪过多时，所有的技法都只是“心里明白却做不到”的无效知识而已。**

我在美国颓废了几个月，感觉不能再耗下去了，便用一张机票把自己送到了澳洲，开始了一场自我救赎之旅。虽然历经波折和磨难，但经过2年时间，身体和心态总算调整得差不多，2017年年底，我的计划本上的事情才又开始变得有条不紊。

这段经历让我又一次更新了对时间管理的认知。最初，我以为时间管理就是学习一些时间投资的方法论，这些方法论对从小好强又相对理智的我来讲，的确非常有效。但是，当原有的生活和心理状态被打破时，我才意识到光有技法还不够，心法才是根基。就像投资时，我们都懂要低买高卖，可是一遇到大的价格波动，依然难免来一波“追涨杀跌”。或许，你并没有经历过跟我一样极端的身体和心理创伤，但是你一定经历过拖延、畏难、焦虑、上瘾等一系列难以自控的问题，那么，投资心法也同样适用于你。

因此在这本书里，我将会从时间投资的心法和技法两大方面讲起，并总结成一套人人可复制的时间投资七步法，前三步为心法，后四步为技法，依次从道、法、术的层面，帮助你全面掌握时间投资的秘诀。

在心法部分，**我会向你讲述“认识时间观”“打破时间性格惯性”以及“掌控情绪”三个步骤**。如果你学习了时间管理方法却无法执行，经常做了计划却没动力完成，说好早睡却忍不住熬夜，看了几集电视剧就会上瘾，陷入情绪就会放下一切工作“躺尸”，那么在这部分内容中，你会找到摆脱这种状态的办法。

在技法部分，我主要想讲述**如何优化资产投资，来获得自己想要的回报率**。包括**“优秀投资人必备的时间投资原则”“盘点现有时间资产”“打造投资环境、升级时间资产质量”**以及**“制定时间投资目标和计划”**四个步骤。

掌握时间投资七步法之后，相信你会成为一个合格的时间投资人。

为什么要写这本书

从2019年开始，我创立了Luna成长学院，并全职做教练。我经常听到学员说：

“Luna，我太累了，工作需要我，孩子需要我，我每天忙到脚不沾地，被各种事情推着走，生活过得一团糟，我该怎么办？”

“我每天早上睁开眼就不想开始这一天，每天都过得稀里糊涂的，怎样才能摆脱这种状态？”

“我怎么就那么不自律呢，为什么做了计划却一次次被‘打脸’？”

“我经常觉得好焦虑啊，只有忙碌起来才会心安，一停下来就要自责！”

“Luna，快来治好我的拖延症！”

……

这些都是跟“时间”相关的常见的问题。

又有一些人看过我的故事或者上过我的课，会对我很好奇：

“Luna，你怎么这么年轻就拥有如此丰富的人生阅历，同样一年365天，你好像年纪轻轻就活出了别人几辈子的人生？”

“Luna，你是怎么做到一个人在异国他乡，一边康复身体，一边全职工作，拿到专业心理咨询师执照，还同时读完两个硕士学位的？”

认真思考后，我觉得“时间”就是答案。

其实，我并不是一夜之间就成为大家眼中智慧又能干的Luna的。我也是普通家庭出身，没有超高的智商，就读于普通的学校，从没有资源的职场“小白”，一步步把生活折腾成喜欢的样子。只是，在这一路折腾中，我学会了如何投资时间，因此收获了时间的馈赠。我希望能结合自己多年在投资学、心理学以及时间管理方面的学习经验，告诉所有珍惜时间、热爱成长、热爱生活的朋友，你有一条努力的捷径。

这本书所述，皆是我通过时间获得个人成长、过上自己理想生活的关键。希望读到这本书的你，可以学会时间投资，把生活过成自己喜欢的样子。

祝好。

LUNA

2021.5.11 Brisbane

目录
Contents

01 Part 第一部分 时间投资心法

Part 1

时间投资心法

第一步
识别当下的时间投资观

金钱可以消费，也可以投资，时间资产也一样，你可以随意挥霍它、满足生活和情感所需，也可以预先投资以换取未来的回报。每个人对金钱的态度不一样，用于投资和消费的金钱比例不同，投资偏好的产品类型和操作方式也各不相同。那你知道自己对时间的消费和投资偏好吗？

大多数人对自己如何使用时间资产是无意识的，自己的时间资产被无意识地自动分配。时间分配的不同即是时间“投资模式”的不同。因此，识别自己当下的时间投资模式，是学会使用时间资产的第一步。那如何才能识别呢？这章我们会用“时间观”来回答这个问题。

时间观：什么决定了你的时间分配模式？

去美国之前，我一边高强度上班，一边准备 GRE，每天上班、吃饭、睡觉、学习，几乎没有任何娱乐和社交活动。我经常大清早一边做平板支撑一边背单词，单词背不下来就让自己的身体一直保持支撑状态。工作间隙上厕所的时候，也要拿出小纸条来背几个单词。即便如此，我从未抱怨，每天都是斗志昂扬的，每次完成目标或成绩有了小突破，都兴奋不已。那时候，我只有一个念头：想通过自己的努力改变命运，为自己的未来储备能量。

后来车祸打破了这一状态。我不再每天能量满满地去迎接新的一天，时间计划本被我丢得无影无踪。我看不见未来，也不想面对现在，每天用不同的方式逃避：刷剧、购物或者跟以前的老朋友聊天，我常常沉浸在过去的时光，甚至后悔当初为什么选择这所学校，后悔车祸当天为何不换条路……最有趣的是，我还改变了自己的投资策略。我大学时期就开始炒股，虽不能说收益率有多高，但至少不会赔。出了车祸之后，我清仓了所有的股票。因为我很害怕亏钱，接受不了价格的上下浮动，只要股票一下跌，就无比担忧。我只想紧紧抓住仅有的一点现金，勉强应付生活。以前不太留意的信息，比如某某炒股失败跳楼、某某又被“割韭菜”的场景，这时候总会频繁出现在我眼前，让我更加恐慌。直到后来被疗愈，我才恢复了正常的投资。

为何车祸后我对时间的态度发生了如此大的变化？后来在不断学习和自我疗愈的过程中，我终于知道，原来这一切的深层原因是时间观★的改变。

心理学知识小卡片

★ 时间观

时间观由美国著名的心理学家、前斯坦福大学教授菲利普·津巴多教授（Philip Zimbardo）提出。津巴多教授认为：时间观是个体对于过去、现在和将来的时间和事件所持的看法、态度和观念，是个体对于时间的认知、体验和行动的一种人格特质，也是一种感官感受。津巴多教授制作了津巴多时间观量表（Zimbardo Time Perspective Inventory，ZTPI），一直沿用至今。

什么是时间观？

什么是时间观呢？就是你在时间方面的价值观。简单来讲，它是你对待时间的态度，你会花更多的时间在重复过去，还是享受当下，抑或为未来做准备？当你思考过去、当下和未来的时候，你的想法是负面的还是正面的，是悲伤的还是快乐的，是满怀希望的还是充满恐惧的？

其实，**时间观就类似于人们对金钱管理和投资的观念和喜好**。比如，有些人比较保守，喜欢守着过去的财产，选择银行固定利率的定期存款；有些人更倾向于“今朝有酒今朝醉”，注重及时享乐；还有些人会面向未来进行储蓄和长期投资。相应地，人们对时间的投资观念也有不同的类型，分别是：守着过去型、现在享乐型、准备未来型。

根据人们对过去、现在和未来的不同的态度，菲利普·津巴多教授将人们的时间观分为 6 种：过去消极时间观、过去积极时间观、现在享乐主义时间观、现在宿命主义时间观、未来导向时间观、超未来导向时间观。你可以通过“津巴多时间观量表”[①] 来测试自己的时间观类型。

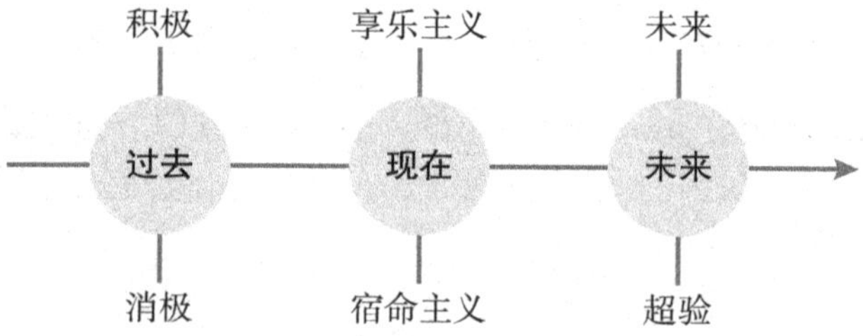

时间观，是你时间投资的底层之道

为何我车祸前后对时间的态度变化那么大？因为，出国之前，我是一个未来导向时间观很重的人，我的目光焦点在未来，所以我可以给自己设定目标、自我约束，把时间都投资在未来有高回报的事情上。车祸后，我变成了过去消极时间观，我的目光焦点在过去，总是戴着消极的眼镜去看周围的一切，我看不到未来的希望，被困在原地打转，对时间的流逝变得麻木。

---

① 可关注公众号“Luna 高级精力管理教练”，回复“时间观”，获得测试链接。

为何时间观的改变对我们有如此大的影响？请参考我们的金钱观，如果你把注意力都放在过去积累的资产上，你就舍不得在当下消费，享受有品质的生活，也不会投资，在未来获取高回报；如果你把注意力都放在当下消费上，随意挥霍金钱，那么你很容易负债，让未来的自己为现在的行为买单；如果你以投资的态度处理金钱，那么你可以在未来收获更大的价值，当然，在投资之余也要留下必要的资金保证当下的生活品质。

同样地，**了解自己的时间观，就是了解自己对时间的分配原则，**是沉浸在过去，还是在当下及时享乐消耗时间，抑或是用来投资未来？可以说，这是你与时间相处的大方向和底层核心。**这是你每一次选择如何利用时间的基点，也是利用时间之道。**

当你没有觉察到自己的时间观的时候，就相当于你的时间资产的消费和投资比例是在无意识中被自动分配的。就像我车祸后，对于时间如何使用，完全是在无知无觉中做出了选择。现在想想都有些后怕，如果我一直没有从车祸的心理阴影中走出来，我现在的人生会是什么样子的？

接下来的几小节，我将为你详细讲述 6 种时间观，以及它们的利弊和调整方法。认识了自己的时间观，你才能更合理地对待时间，掌控时间投资的底层之道。

过去消极时间观：你还在为过去还债吗？

不知道你身边有没有这样一类人，他们的口头禅就是“我不行”“我肯定做不到”“我不会”“我以前没做过”等。他们习惯活在自己的舒适圈，在做决策时，总是参照过去的历史数据，并且这些数据大多是负面消极的。他们甚至用过去的历史数据来解读未来。比如我有一个学员跟我说，单位里有一个机会让她去上级部门轮岗，她很纠结和犹豫。我问她为什么，她回答说：“我听说过那个领导很严格，我情商不高，不会处理复杂的人际关系……”总之，给了我一大堆拒绝的理由。

其实我可以看得出，她不愿意去是她的过去消极时间观在作祟。

过去消极时间观

什么是过去消极时间观？**拥有过去消极时间观的人，对过去持有普遍消极、负面的态度和信念。**在他们眼里，过去是灰暗的，他们常常沉浸在过往的遗憾中无法自拔。过去的痛苦可能时常浮现在脑海；经常对过去错过的美好的人、事、物感到懊恼；甚至在享受当下的时候，也不自觉地拿现在跟过去的经历比较。他们似乎被困在了无法改变的过去中。之所以如此，可能是因为过去真实发生过一些创伤事件，但也有可能只是当事人对于过去事件的消极重构，即把在别人看来中性或积极的事件看成消极的。

过去消极时间观使人故步自封、情绪消极

这样的时间观有什么危害呢？比如我刚提到的这个学员，她就是习惯性地看到自己过去消极的一面："我情商低，不会处理复杂的人际关系。"但是她却忽略了积极的一面：她之所以被领导选中，这说明她本身能胜任这个岗位。她拿着消极的过往数据来解读当下和未来，就容易做出消极负面的选择，导致故步自封、限制自己潜力的发挥。就如同你曾经投资失败过一次，以后就忘不了这次失败，紧紧守着那点资金，不敢再进行新的投资。

另外，过去消极时间观的人还普遍负面情绪较多。他们时常感到抑郁、焦虑、消极、愤怒、自卑，更容易情绪不稳定，甚至有人会因为过去的严重创伤事件而患上创伤后应激障碍（Post-traumatic stress disorder，PTSD）★。比如我车祸后的那段时间，情绪稳定性极差，就像一颗易燃易爆的炸弹，外面一点风吹草动都能把我引爆；我担忧自己腿好不了，担忧自己的经济收入支撑不到毕业，过分在意别人对我的看法，常常陷入焦虑和痛苦中。

心理学知识小卡片

★ 创伤后应激障碍

创伤后应激障碍是一种应激反应，当个体遭遇一些灾难性事件、生命受到威胁或严重伤害（比如战争、地震、车祸等）之后会经历焦虑障碍，通过痛苦的回忆、做梦、幻想或闪回，持续地重新体验到创伤事件。无论是创伤的受害者，还是目睹创伤情景的人都有可能罹患 PTSD。患者对日常的生活事件感情麻木，并且感觉和他人疏远了起来。最后，这些反应带来的情绪上的伤痛将导致各种症状的出现，比如睡眠问题、幸存者的内疚感、注意力集中困难，以及极端的惊恐反应。

如何修正过去消极时间观?

其实不难看出，拥有过去消极时间观的人，相当于抱着过去的负债不放，拿着当下的时间资产去不断地还过去已经还清的债。当然，这种时间观并不是说修正就能修正的，到底如何做呢?

在车祸后的自我救赎中，我看过很多心理医生，自己对心理学的研究也逐步深入，慢慢地，我总算调整了自己的时间观，我的默认时间投资模式也发生了改变。回过头来看，我认为把自己从过去消极时间观里拉出来，最关键的方法是情绪释放。因为当我真正释放了过去消极事件中的情绪，这件事情才算从我的心里完结了，不会再让这种时间观使自己裹足不前。

1. 情绪释放法

拥有过去消极时间观的人之所以容易抑郁、焦虑、消极、存在高攻击性、情绪不稳定，背后的原因是过去的经历仿佛给他们的内心留下了一堆未处理完的火药。

每当有人、事或者物触发了导火索，即让你产生与过去经历类似的感觉，就会引发内心的伤痛，启动大脑里面的情绪系统，引爆火药（注意，或许你的大脑根本没意识到这些记忆的存在，但情绪会本能地引爆）。因为火药能量太大，你很难开启理智模式，更别提站在更高的视角看问题，只能被应激反应操控，做出不理智的决定。

疫情期间，我深刻体会到不同国家的人因为造成负面情绪记忆的事件不同而导致行为模式的不同。

2020 年 3 月，国内的疫情基本得到了控制，相反澳洲的疫情却有一夜暴发之势。我妈妈非常焦虑，每天给我打电话，嘱咐我不要点外卖，多买点米、面、肉等易于储存的食物。

然而有意思的是，澳洲商城最先断货的，你猜是什么？并不是咱们这些中国人认为必须要囤的食物和水，而是卫生纸。这种现象的背后，不排除有“羊群效应”（从众心理）作祟，其实还有一个很重要的原因：澳洲历史上有过一次手纸短缺的情况。日本也有类似的事件，40 多年前世界爆发了第一次石油危机，许多发达国家出现经济衰退，日本也不例外。日本官员呼吁大家节约用纸，结果却在民间引起了纸短缺的恐慌，全国人民忙着囤积手纸。估计是当时的记忆太深刻，以致到现在澳洲人、日本人还有“遇灾囤纸”的消费行为。

这些现象的背后，都是因为大脑自动调用了过去的消极经验，在当下产生了相对应的行为模式。囤粮和囤纸，只是由于过去的经历和记忆不同，大家本能的应激模式不同罢了。我们的国家经历过三年自然灾害，老一辈的人对食物短缺的紧张和恐慌更大一些，所以倾向于囤粮。而这些发达国家经历过手纸荒，所以囤积更多的是手纸。

再举个大家比较常见的例子。我有个学员说，她很畏惧老板，其实老板人不错，但她还是一见到老板就想躲；老板交给她任务，她即使有不同意见，也不敢表达，而是习惯性回答“嗯嗯”“好的”。后来，我问她：“小时候你的家长或者老师是不是对你很严厉？”她说：“是的，小时候特别害怕父亲。父亲总是皱着眉，黑着脸，胆小的邻居看见他都会害怕。他脾气不好，我经常会因为一点小事被教训。我平时在他面前不敢说话，能躲就躲起来，我妈说，我小时候见到父亲就像老鼠见到猫。”听她这么一说，我就能猜到原因了。她把小时候对父亲的恐惧和躲避，迁移到了老板身上。她现在之所以有“权威恐惧”，是因为小时候的经历留下的负面情绪没能恰当处理，当再次出现类似的事件或者人物时，就会使大脑本能地调用之前的情绪和联想，产生应激反应。

当你释放掉被压抑的负面情绪后，才能让理智发挥作用，而不是被过去的记忆和情绪所裹挟，蹉跎岁月。

如何走出过去的伤痛、释放掉积压的负面情绪呢？随着现代心理学的发展，越来越多的学派和方法被大家认知[①]，但其实没有一种方式适合所有人，需要你尝试和探索各种方式，找到适合自己的方式。我接触过五六种方式，目前比较常用的是情绪释放技术、时间线疗法和催眠疗法。

很多人说，我很正常啊，我不记得自己有什么创伤事件，过去消极时间观在我身上的比例不高（这里指的是测试后的比例）有必要情绪释放吗？我的答案是，释放比不释放更好，你不记得创伤事件不等于没有。我们从小到大，都难免受到过伤害，产生过负面情绪，把负面情绪释放掉，就像是给自己的心灵"洗洗澡"，可以让你更轻松地前行。我们每天清洗自己的身体，为什么不能给自己的心灵洗个澡呢？

对于一些不太严重的负面情绪，你可以试着自己释放和清理，但大多数负面情绪的释放有一些难度，考虑到实操性，我只推荐"自由书写"★这种方式。巴塞尔·范德考克（Bessel van der Kolk）在《身体从未忘记》中提到，通过书写过去的创伤事件的细节、感受以及该事件对当下的影响，可以起到显著的疗

---

① 目前常用的释放情绪、疗愈伤痛的方法，有谈话治疗、瑜伽治疗、EMDR眼动脱敏与再加工技术、喜剧治疗、神经反馈治疗、完形疗法、家庭系统排列、催眠疗法等。

愈作用。这个方法独自一人就可完成，且形式简单，你只要拿一沓白纸和一支笔，找一个不被打扰的空间，自由书写过去创伤事件的内容、体验、感受即可，建议连续书写 21 天。我之前在课上要求我的学生连续书写 21 天，他们都反馈说效果非常好。

心理学知识小卡片

★ 自由书写

心理学家詹姆斯·彭尼贝克（James Pennebaker）组织了一项实验。他要求学生在自己的经历中找到一件他们认为很有压力或者创伤性的事件。然后把全班的学生分为三组：第一组写出他们现在的生活；第二组写出压力或创伤事件的细节；第三组要写出这些体验的细节、他们的感受和情绪，以及这一事件对他们思想和生活的影响。所有学生必须单独在一个小隔间里面连续写 4 天，每天写 15 分钟。结果，第三组，即写出创伤性体验和感受的小组一个月后的测验数据结果最好，参与者情绪变得更乐观，身体变得更健康。

对于一些小的情绪问题，或许用“自由书写”等方法自己处理就够了，但还有一些比较严重的心理问题，自己是无法处理的，我建议找专业咨询师。我亲身体验过，自助的方式效率很低，找咨询师会更高效和安全。

那如何找到合适的咨询师呢？

第一，你要信任这个咨询师。不要找一个别人推荐并认为很厉害，但你一看就感觉不喜欢的。咨询是否有效，和你是否信任咨询师有很大关系。

第二，最好这个疗愈咨询师是接受过他用的治疗方式的，甚至是学习和体验过很多种方式的。这样，他才能根据你的实际情况，选择最适合帮助你的工具，而不是他只擅长这一种方式（我这里说的是疗愈类咨询）。

第三，经验丰富或者天资聪颖、师从名师的咨询师有更大的概率会更厉害。注意，挑选咨询师不单单要看年龄，我自己就遇到过年纪尚轻却很厉害的咨询师。

第四，最好找说自己母语的咨询师。我在美国也见过一些心理医生，但是由于说的都是英文，效果很一般。不是这些咨询师水平不够，而是我本能地一说英文就会进入“工作模式”，不如说中文时放松。并且，很多回溯疗法会帮助我们回溯到小时候创伤时间点的记忆，这个时间点在0—7岁或者7—14岁之间，那个时候我还不会说英文，效果会受到影响。

注意，我这里指的咨询师是疗愈类咨询师，不是指教练、心理医生、精神科医生等。

2. 重新解读过去消极事件

存在过去消极时间观的人，他们的记忆里有很多消极的事情。然而，难道过去的事情真的都那么消极吗？答案是不一定。一方面，你的记忆不一定是可靠的。有研究证实，人的记忆并不像录像带一样客观反映现实，你的大脑可能给它加了“特效”，删减了一些情节甚至植入了一些原本不存在的情节，然而，你并不自知。另一方面，不管这个事件真实与否，**真正影响我们生活的，不是事件本身，而是你对事件的态度。**

如何重新解读过去的事件、改变自己的态度呢？我这里给出三步：

（1）列出曾经对自己影响最大的消极事件。

我有一个学员 L，她跟我诉苦：“Luna，我面对生活的一地鸡毛，经常会半夜里陷入抑郁，我会忍不住想起高三时那场车祸，如果不是那场事故，我现在应该是在过另外一种生活吧！”

L 高中时成绩很好，本来考个重点大学没什么问题，结果偏偏高三下学期发生了一场车祸，让她在医院待了小半年。她最后只是勉强考上个普通二本学校。她觉得自己的人生轨迹被那场车祸改变，错失了很多机会。每当遇到不顺利的事情，就会无比懊恼。然后，她就会产生无力感，面对当下的事情根本没有心情处理，丧失了行动力。

我让 L 尽量回忆起那场车祸的所有细节，车祸是怎么发生的，康复过程中发生了什么事，遇到哪些人，自己有什么感受，等等。当然，回忆这些可能是痛苦的，我会全程关注这些痛苦是否在她的承受范围内，一旦太过痛苦，就请她停止回忆。

（2）从这件事中，分别能得到什么正面的收获？

L 回忆，那时候自己躺在医院，还坚持看书复习，想起当时自己的坚韧和毅力，不禁热泪盈眶。因为看久了书会头疼，她竟然自己总结出了一套高效学习方法。当时有位同学经常去医院看望和帮助她，因此她收获了一辈子的珍贵友谊。一场车祸还让她得到了爸爸妈妈无微不至的关心和爱护，让自己跟父母的关系更亲近。而且幸运的是，她也从那么严重的车祸中痊愈了，并没有留下严重的后遗症。这时候她才意识到，原来曾经有那么多美好的画面，都被她忽略了。

（3）这些收获在未来如何帮助自己？

L 意识到，那时候培养的坚韧品质、总结的高效学习方法、收获的友谊和爱，让她在前行中更有力量。当下面临的困难，她是有能力解决的。

尼采说："杀不死我的，必将使我更强大。"通过这种方式重构过去，你会发现，原来自己错过了那么多"礼物"。**上帝送你一把刀，是因为同时还把一块蛋糕藏了起来。**重新解读过去的事件，就是去找到这块蛋糕。

3. 书写过去的积极事件

多花点心思去回忆过去的开心快乐的时刻、人和事物。有时候，你觉得过去都是灰色的，也许是因为你把注意力都放在了灰色的地带，我们的眼睛里就像放了一个筛子，总是选择看见自己想看见的东西。当你换一个"筛子"，也许会发现，原来灰色的背后还有别的色彩。

我花了大量笔墨介绍过去消极时间观，是因为我自己过去的时间观也是如此，也看见很多学员因为抱有过去消极时间观，要么被负面情绪裹挟，要么用消极的态度解读现在和未来，束缚了前行的脚步。如果你自己也存在过去消极时间观，我建议你通过情绪释放，重新解读过去事件，或是书写过去积极的事件，去积极调整自己的时间观，把注意力更多放在当下和未来，让有限的时间资产创造更多价值。

过去积极时间观：让过去的资产给你前行的力量

你身边应该有这么一类人，他们好像是天生的乐天派，每天的心情都很快乐，这类女生天生自带一些“少女感”，男生自带阳光气质。不管年龄几何，是否已经步入社会，他们都自带这种气质。你听他们讲述过去的经历，基本都是温暖而美好的，家里还会保存很多纪念品，比如同学录、以前的校服、从小到大的毕业照等。

他们拥有的是过去积极时间观。**拥有过去积极时间观的人，比较关注过去的美好回忆，对过去有更积极的态度。**他们喜欢回忆童年，保存旧照片，喜欢听经典老歌，看老电影，喜欢庆祝各种传统节日，喜欢怀抱过去的愉悦和温暖。他们通常更友善、自信、情绪稳定、少焦虑，重视友情和亲情，更有感恩之心。拥有过去积极时间观的人，一般拥有一个不错的童年。他们对于过去，选择留下积极的部分，过滤掉不太美好的部分，他们可以用更积极乐观的态度去解读曾经的“消极事件”。

拥有过去积极时间观的人，投资时间的默认选择虽然也是过去，但不同的是，过去积累的“财富”会给你足够的安全感，让你更有力量和勇气，以积极的视角在当下做出有建设性的决策。现在大家都在强调给孩子一个美好的童年，其实也是为了让孩子拥有过去积极时间观。

如果你拥有过去积极时间观，过去的“资产积累”有可能会让你生活得比较幸福，但是这种积累要注意适度，如果一个人过度沉迷于过去的美好，那么他可能会想要维持现状，不喜欢改变，不愿意尝试新事物，不愿意拿着现有资产为未来投资，从而错失发展机遇。

积极面向当下和未来，让过去的美好为你提供前行的力量，这才是明智的时间投资观念。

现在宿命主义时间观：时间投资的赌徒

刚来澳洲的时候，我对这里的赌场很好奇，带着长见识的心态去玩过一阵子。当然我只是玩一玩，有时候会用我学过的概率学来算一些赌局的结果，算是给枯燥的生活增加一点乐趣。慢慢地，我发现里面很多人都是常客，就跟每天上班打卡的上班族差不多。其实不仅在赌场，生活中也有一类人是时间里的赌徒。

比如，你可能经常在新闻中看到类似的故事：2008 年，一个 25 岁的湖南小伙子陈某在浙江绍兴打工，休假逛街时，随手买了两注彩票，中了 1000 万元大奖。一夜暴富让他肆意挥霍：买房买车花掉了近百万元，看不上老婆与其离婚拿出 100 多万元，赌博和失败的投资进一步消耗了他的财产，往往一场赌博就输掉几十万元。四年后他变得一贫如洗，房子被抵押出去，父亲只能住在月租金 200 元的地下室。2012 年，他卖掉车子，抵押了房子，还向当地银行申请了一张信用卡，恶意透支了 19 万元之后就消失了。为了躲债，陈某远走他乡，后来他回到当初给他带来幸运的浙江绍兴，想在这里买上几注彩票，看还能不能中个大奖。然而，等待他的却是一副冰冷的手铐，被警方抓住时，他身上仅有 80 元。

这个故事的主人公和其他那些一夜暴富的人，他们的故事的开始和结局都相似：幸运买彩票中奖，最后又变得贫穷，境遇甚至比之前更差。为什么？

这类人一般拥有的是现在宿命主义时间观。

什么是现在宿命主义时间观？

拥有现在宿命主义时间观的人，他们认为“命运由天不由我”，他们不愿主动做出改变，命运给自己什么，自己就接受什么。这种时间观非常消极。

他们不相信自己有通过努力改变现状的可能性，或许他们本不缺乏改变现状的能力和资源，却被时间观限制住了身体和思想，丧失了行动力。

他们选择了顺从或者愤世嫉俗，还容易有仇富心理，认为富人之所以富，只不过是因为运气好。

他们更少考虑未来和后果，没有责任心，不注重自我管理，精神上无精打采；他们情绪不稳定、不快乐，常常表现出攻击性、焦虑和压抑，甚至有些极端的拥有宿命主义时间观的人，会做出危害社会的极端事件。

现实生活中，瘾君子、赌徒中拥有现在宿命主义时间观的人占比非常大。他们非常喜欢买彩票，期待一夜暴富。然而，即使他们偶然受到了“命运的眷顾”，暴富后就可以获得人生幸福吗？我们回到开头的例子，为什么他们的结局很多都不太好？

因为他们没有学习提升的动力，不愿为改变命运而脚踏实地地付出努力。他们暴富后的思维和行为模式，跟中奖前并没有本质上的不同。**思维上不改变，旧有的行为模式就会不断重复，人生就不会真正发生改变。**然而，暴富放大了这个人所有的贪婪和无知，导致他的结局可能比之前更惨。

其实现在宿命主义时间观的人，就跟现实中的赌徒一样，仅仅凭运气进入赌场，能保本出来就不错了，更别说回报率了。更大概率的是，你的时间资产被挥霍和浪费，甚至创造了更多负债，让未来的你为现在买单。

如果你有宿命主义时间观，该怎么做呢？

如果这种观念对你的影响还比较小，只表现为缺乏生活动力，不愿意主动做出改变。那么：

（1）可以多去看一些励志的书籍，看别人如何通过一步步的努力，改变命运并构建了自己的人生。

（2）你也可以多结交一些积极乐观的朋友，听听他们怎么看待人生。

（3）如果条件允许，更高效的方法是找一位专业的教练，帮你更快地走出现状。

如果你的宿命主义时间观对你影响很大，那么建议你尽快去找心理医生。

总之，宿命主义时间观是一种非常消极的时间观，拥有这类时间观的人被动地应付生活，缺乏对生活的掌控感。他们是生活中的赌徒，别说进行时间投资了，他们的整个人生都是一场随机事件。如果你拥有这类时间观，一定要去积极地调整，重新拿回自己人生的掌控权。

现在享乐主义时间观：及时消费主义投资者

在现实生活中有一类人被称为“月光族”，也就是他们每月的工资都花光。他们基本没有投资储蓄的观念，喜欢及时行乐。有一个学员就跟我说，以前挣的钱少不够花还能理解，可是现在的薪水涨了好几倍，怎么手头的钱还是少得可怜！总觉得钱好像自己长腿了一样，跑得飞快。其实，他们就是棉花糖实验（Stanford Marshmallow Experiment）★中那些没办法等待更长时间去拿到更多奖励的人。

心理学知识小卡片

★ 棉花糖实验

斯坦福大学的沃尔特·米歇尔（Walter Mischel）博士于 1966 年到 20 世纪 70 年代早期，在幼儿园进行了一系列关于自制力的心理学实验。在这些实验中，小孩子被告知，可以马上获得一份奖励（有棉花糖、饼干、巧克力等），也可以选择等待一段时间（通常为 15 分钟），得到两份相同的奖励。在后来的研究中，研究者发现，能为喜爱的奖励坚持和忍耐更长时间的小孩，通常具有更好的人生表现。这就是著名的斯坦福棉花糖实验。

这类人在时间投资中也会有类似金钱方面的投资原则，他们不太能约束自己去做一些为未来做准备的事情，而是更倾向于把时间用在吃喝玩乐等眼前享乐上。明知运动有助于身心健康，可就是控制不了自己，还是赖在沙发上“葛优躺”。明知早起读书可以自我提升，可就是习惯性地熬夜刷手机。比起那些遥远的未来，他们更喜欢享受眼前的舒适。

这类人现在享乐主义时间观比较强。**拥有现在享乐主义时间观的人，他们更关注当下的感官感受和刺激，受快乐原则支配，看重短期利益，讲究及时行乐。**适度的享乐主义时间观可以帮助人们很好地体验生活，活在当下。

比如，拥有现在享乐主义时间观的人对生活充满激情和活力，是生活中的“高级玩家”。如果你身边有这样的朋友，跟他在一起玩耍会很愉快。他们往往是“城市道路指南”，周边有什么好吃的、好玩的，他一清二楚。我就认识一个这样的朋友，跟他出去吃饭，他能尝出餐厅里的菜是主厨做的，还是主厨的徒弟做的；跟他出去旅行，他设计的旅游路线比旅行社的更丰富、更有趣。这类人热情、有趣、随性，一般人际关系都不错，是各种派对中的焦点人物；他们积极主动，喜欢创新，在感兴趣的事物上常有惊人的创造力。

然而，很明显，现在享乐主义一定也有弊端。正向心理学家泰勒·本－沙哈尔（Tal Ben-Shahar）在《幸福的方法》中提到：**享乐主义的格言就是及时行乐，逃避痛苦，他们重视眼前的快乐，容易忽略自己的行为可能带来的后果。**

他们自控力弱，不喜欢被约束，可能会经常被评价为“不靠谱儿”“拖延症患者”或者“迟到专业户”；他们不喜欢做计划，喜欢随性而为，常常到最后截止日期前才开始行动。

他们不太注重健康，对于他们而言，“吃得好”比“吃得健康”重要得多，更别提定期体检，规律作息等。如果他们开始减肥，往往还没付诸行动就已经结束，因为他们总想着，先吃完这顿，明天再开始减吧！我有个朋友，才30多岁就患有重度脂肪肝，医生嘱咐他一定要减肥，然而他刚运动了两天，就又习惯性地躺着刷手机，还时不时点个炸鸡和啤酒。家人担心他的健康，他倒是没什么心理负担，一副心宽体胖的样子。

他们不太喜欢考虑后果，因此更容易情绪化，更容易冲动和冒险，也更容易沉迷于游戏、酒精、毒品等。

毫无疑问，这种态度对于一个人的成长会产生很多消极影响。他们把全部的时间资产都花在了享乐上，就跟把全部钱都花掉的月光族一样，没有资产储备，把时间和金钱都消耗在享乐这件事情上，拿什么来投资呢？你的本钱在哪里？拿什么来抵御未来的风险？现在的工资是你以前认知和能力创造的价值，那么未来呢？如果你现在不成长，又凭什么期待未来能升职加薪呢？

我相信这个道理并不难懂，可如何从自己的现在享乐主义时间观里走出来呢？最好的方式是去规划出你想要的未来，然后给自己设计一条可以到达你想要的未来的路径，在本书“打造投资环境，升级时间资产质量”这一章有更详细的论述。在这里，你可以先试着回答下面两个问题。

1. 问自己，我未来会成为一个什么样的人？

以我自己为例：

我会成为世界上顶级的精力管理教练；

我会成为一个有智慧、有阅历、有大爱的人；

我会成为一个独立自主又懂得关心和爱护伴侣的妻子；

我会成为一个温柔而坚定的妈妈；

……

持续写，直到写不下去为止，至少写 20 条。

2. 我有什么具体目标，什么时候想完成？

找出 5 个你在未来希望实现的具体目标，比如可以是找到一份更好的工作、结婚、生育、退休、旅行等。按照时间先后顺序进行排序，并且尽情地发挥你的想象力，想象怎样将它们实现。

适度的现在享乐主义时间观是必要的，这会让你更享受生活，但过度的现在享乐主义时间观会让你过度消费，丢掉投资本金，损失未来收益。你需要将部分目光投向未来，根据未来想获得的收益率来调整当下的时间分配，而不是仅仅沦为当下感官享受的奴隶。

未来导向时间观：时间资产投资里的长期主义

这几年随着网络在线教育的发展，朋友圈和社群里各种早起、读书、运动打卡的人越来越多，你如果观察会发现能够认真坚持下来的人还真不少。其实这类人拥有的就是未来导向时间观。

未来导向时间观

拥有未来导向时间观的人，注意力在未来，更愿意为了将来的回报拒绝当下的诱惑。他们大多受过良好的教育，有相对幸福的原生家庭，又或者原生家庭虽不幸福，但得到了疗愈。他们往往有很好的生活和工作习惯、自律性高、抗压性强、执行力强、有上进心、坚信可以通过自我重塑来达成目标，因此更容易在现实中获得更多成绩。他们在金钱消费方面也不像拥有现在享乐主义时间观的人那么随意，更注重收支平衡；也不像拥有过去时间观的人那么保守，更在意风险收益比，擅长在投资中获得复利。

现在很多人都在谈论“长线思维”★，其实真正能够让长线思维落地执行、生根发芽，从根本上靠的是未来时间观。一个拥有过去时间观的人或许知道“长线思维”，但是遇到选择取舍的时候，他又本能地依照过去的惯性，做了与过去同样的选择；拥有现在宿命主义时间观的人，头脑中压根就没有“长线思维”；拥有享乐主义时间观的人可能会拥有一些长线思维，但是执行时一遇到享乐的事情，就禁不住诱惑，搁置了目标。只有未来导向时间观的人更能做到知行合一。这些人无论用这些时间为自己的大脑、健康还是金钱做投资，都会收获满满的人生财富。

心理学知识小卡片

★ 长线思维

长线思维，即立足于长期目标，再反推当下行为策略的思维方式，最早由亚马逊创始人杰夫·贝索斯（Jeff Bezos）提出。长线思维，让人们以未来的时间作为判断的标准，由此避免由于短视造成的决策失误。

说了这么多未来导向时间观的好处，难道它就没有缺点吗？当然不是。如果把人生比作一场旅程，那么拥有未来导向时间观的人会过于关注终点，一路向前奔跑，很容易忽略旅程中的风景。他们很可能是工作狂，牺牲了享受当下和陪伴家人、朋友的时光。可是，别忘了，人最终都会死亡。我去养老院做过很多次义工，跟老人聊天时，他们说起自己的遗憾，主要有两种：一种是为一生碌碌无为、没有实现梦想而遗憾；另一种则是为一辈子投身事业，忽视了身边爱的人而遗憾。

此外，拥有未来导向时间观的人太执着于完成目标，但是在追逐目标的路上奔跑时，似乎没有终点，前面总有一个更远的目标在等着他。而且，他们还会嫌弃自己跑得不够快，担心自己能否到达理想中的终点，也就是说，他们很可能陷入焦虑，永远都不会感到满足。在我的学员中，有不少人在事业上已经取得令众人艳羡的成绩，但是他们依然对事业焦虑、对未来焦虑、对孩子的学业焦虑。过度的未来导向时间观，并不会给生活带来幸福感。

我们从投资的角度来说，注重长期回报率当然重要，但投资者不会只看长期的投资回报率而忽略眼前的现金流。无论多么优秀的投资人，也不可能把所有资金都投在未来。必要的生活开支，是维持我们生存的基本生活保障，否则生活就会失去平衡。其实我在很长一段时间都只拥有未来导向时间观，我的生活里只有工作和健康，脑子里都是关键绩效指标（Key Performance Indicator，KPI）。虽然钱到账时，的确给了我一些快感，但这种感觉转瞬即逝，我还时常陷入焦虑。后来，我通过一些方式找回了享乐主义时间观，生活的满意度才渐渐提高。最开始的时候，我会担心，如果我注重享乐，会不会变得不思进取？而事实上，当我把“享受当下”纳入生活后，不仅生命体验更丰富了，而且工作效率更高了，焦虑减少了。如果说你学习时间投资的最终目标是幸福生活的话，那么适度的现在享乐主义时间观也是必不可少的，我这里推荐三个有效的方式，帮你更好地从未来脱身，回到当下。

1. 冥想、瑜伽

我看很多本书上都说冥想和瑜伽有诸多好处，但一直没有行动。直到有一次我复健结束，路过一间瑜伽教室，里面的背景音乐如清泉一般流入了我的心，给我当时烦躁的情绪一个短暂的喘息。虽然当时的我因为身体状况不允许也做不了什么动作，我就静静地坐在教室里面看大家上课。从这时候开始，我的瑜伽和冥想之路便开启了。

随着练习的深入，我慢慢有了一些体悟：当我们拥有现在享乐主义时间观的时候，我会对自己更大方一些，能停下来去感受生命中的美好，我会更注重自己内心的感受，看到内心真实的需求，而不是一味地被未来理想中的自己裹挟，忽略了欣赏风景。做瑜伽时，我能把注意力都集中在当下，头脑不再想着工作中的事情；周末的时候，我会去周边的市场逛逛，感受一下热气腾腾的烟火气；吃饭的时候尽量细嚼慢咽，品味食物本来的味道，不再像以前一样狼吞虎咽，不再一边打电话一边吃饭，好像每次吃饭都只是完成任务一样。我从单一的追求目标，变成追求目标 + 幸福的感受体验。慢慢地，我不再那么焦虑了，我的生命也有了更多色彩。

2.“科技安息日”

在犹太人的安息日，以色列几乎所有的公共交通工具都停驶，大部分的餐厅也不营业。借用犹太人安息日的概念，我们也可以给自己设置一个“科技安息日”，每周找一天的时间断开电子产品和网络，全情投入地体验当下。或许，你无法做到断掉一天，即使只是每天断两个小时，或者一周断两个小时，也可以让你从日常的节奏中脱身，享受片刻的宁静与专注。

3. 一次只做一件事

生活和工作繁忙，人们都希望高效使用时间，试图同时做几件事，可是往往事与愿违。同时做几件事的前提是，我们的大脑是个“并联线路”，可以左右脑同时开工，然而实际上，我们的大脑是个“串联线路”，当我们在很多事情之间切换的时候，会有注意力残留在前一件事情上，就像电脑程序开了很多后台一样，影响运算的效率，还有可能因为目标太多而焦虑。★

心理学知识小卡片

★ 同时做多个工作如何影响我们的效率

2005 年伦敦大学国王学院的心理学家格伦·威尔森（Glenn Wilson）博士，通过对 80 人进行临床试验发现，人在工作的时候如果被电话、电子邮件或短信打扰，智商下降的程度比吸食大麻还严重。一心多用会使人的平均智商暂时性减少 10%，相当于一整夜没睡。经常一心多用会使大脑灰质萎缩，伴随焦虑、注意力不集中、记性变差等副作用。

可能有人会说，我一边吃饭一边看娱乐节目总可以吧？事实上，专心吃饭、细嚼慢咽可以让大脑更好地接收到吃饱的信号，否则大脑无法及时接收到信号，一不小心就会吃过量。而且，吃饭不专心，你对食物的色、香、味的感受都会变差。相应地，大脑对摄食中枢的支配作用减弱，你的消化系统功能也会受到影响。

因此，一次只做一件事，把大脑后台运行的其他程序全部关掉，更有助于专注当下，提高工作效率甚至是身体健康水平。

过好当下的每一刻，才能有更多真实的幸福体验，才能有个更好的未来。无论是冥想、瑜伽、科技安息日还是“一次只做一件事”，都是为了帮你把注意力转移到当下，让你的时间资产在未来获得更好的回报。

超未来导向时间观

其实还有一种比“未来导向时间观”更“远”的时间观，叫超未来导向时间观。拥有这种时间观的人大多聚集在宗教信仰更为虔诚的国家。在中国，这类人的比例是比较小的，对于个人成长也没有太多参考意义，因此这里不做过多讨论。

调整时间观：更新投资模式，重塑积极人生

前面我们介绍了6种时间观，其实每个人拥有的时间观都不是单一的，而是几种时间观的组合。没有哪种单一的时间观能让我们成为真正的赢家，投资高手都会兼顾过去、当下和未来，考虑资金安全性、流动性以及回报率等多种因素，综合出一个科学的投资组合。时间投资也是如此，如果一定要推荐一个相对平衡的时间观组合，那么一定是：较高比例的过去积极时间观、适度比例的未来导向时间观、适度比例的现在享乐主义时间观。过去消极时间观和现在宿命主义时间观对人们的身心健康和成长发展都没有益处，越少越好。对过去保持积极的态

度，过往的美好回忆给你足够的安全感，让你在人生路上坚定而踏实。对过去的眷恋，让你与你的家庭、习俗和文化更加和谐融洽；对未来保持积极的期待，可以让你充满希望和力量，在走向人生梦想的路上披荆斩棘、乘风破浪；而现在享乐主义时间观会让你的生命充满乐趣，体验生命的多彩。这样平衡的时间观，既可以适当地享受当下，又能适当地为未来努力。当年迈之时，既不会因为碌碌无为而羞耻，也不会因为追求事业而忽视了身边最重要的人。这样的时间观，可以让你在充分享受过去储存的资产的同时合理消费，在当下获得优质的生活体验；又能合理投资，在未来收获良好的回报。

6种时间观	
过去消极时间观	对过去持有消极、负面的态度和信念
过去积极时间观	关注过去的美好回忆，对过去抱有更积极的态度
现在宿命主义时间观	不愿主动改变，接受命运的一切安排
现在享乐主义时间观	关注当下的感官感受和刺激，看重短期利益，讲究及时行乐
未来导向时间观	注意力在未来，更愿意为了将来的回报拒绝当下的诱惑
超未来导向时间观	相信生命有“永恒”和“来世”

时间观，正在塑造着你的人生

我们前面提过，时间观决定了你的时间投资模式。很多人为什么学了不少时间管理方法，但最后就是无法落地执行呢？比如，做计划这件事，拥有未来时间观的人喜欢做计划，他们能够抵抗诱惑，专注于完成目标和计划。而拥有现在享乐主义时间观的人即便做了计划也容易完不成，因为他们倾向于把时间投入到眼前的享受中，控制自己的行为颇有难度。拥有过去消极时间观的人，可能做了计划后几天完不成就开始自暴自弃，也不会去积极主动地找解决办法。**想从底层改变你的时间使用方法，不是要一直不停地学习各种方法，而是要修正你的时间观和时间投资观。**

再进一步，其实我们的人生就是一段时间，**你对时间的态度也是对人生的态度**。你的时间观不仅仅影响着你的时间投资偏好，更影响着你生命的方方面面。比如，它可以影响到一个人的亲情和友情，拥有过去积极时间观的人更喜欢组织朋友聚会和家庭聚会，拥有现在享乐主义时间观的人更享受与家人在一起的时光，而很多拥有未来导向时间观的人，却难以安心享受当下的放松与亲情；时间观还会影响到一个人的情绪状态，比如过去消极时间观过重的人更易抑郁，未来时间观过重的人可能更容易焦虑；时间观也可以影响到一个人的健康水平，拥有现在时间观的人喜欢享受当下，不会定期体检，拥有未来导向时间观的人更热衷健康管理。时间观还影响着你的职业选择：什么人会更愿意加入初创公司，从最初的籍籍无名到拿到股权，并获得财务自由呢？据我观察，是拥有未来时间观的人。他们更有可能把目光放长远，守着初心，坚持度过黎明前的黑夜。而一些拥有现在时间观的人，很少会选择处在初创阶段的公司，他们更喜欢直接进入当下火热的行业，他们在这些公司之间跳来跳去，因为当下可以拿到更可观的薪水。

不夸张地说，时间观在塑造着你的人生。那么，如何才能修正你的时间观？不得不说，这不是一蹴而就的事情，即使你今天读完了我写的所有内容，也并不代表你可以马上改变。这需要你在生活和工作中慢慢调整，逐步修正。

调整时间观，重塑人生

时间观的形成，可以分为两种：一种是被动形成，另一种是主动形成。

被动形成的时间观，大多形成于我们小时候还没有分辨能力的时期，它的形成与我们的原生家庭和教育相关。当我们还是婴儿的时候，生理需求占主导地位，关注的只有当下，所以小婴儿都是活在当下的享乐主义者。随着成长，我们受到家庭、教育、社会的影响，慢慢有了时间的概念，开始懂得延迟满足，发展出未来导向时间观。一般家庭环境稳定、接受过良好教育、取得过一些成绩的孩子，更容易发展出未来导向时间观。在动乱中长大的孩子，更容易养成消极的现在宿命主义时间观。比如，一些贫困地区的孩子，他们资源有限、视野有限，改变命运的机会有限，他们形成现在宿命主义时间观的概率更大。★

心理学知识小卡片

★ 为何一些孩子形成现在宿命主义时间观的概率更大

津巴多教授指出，在一个稳定的家庭环境中，孩子才能通过当下行为的结果对未来做出合理的预测；通过教育，学习历史感知过去，通过测试和评分来明确成功和失败，学会延迟满足；通过取得成绩，认识到自己是通过努力取得的，而不会在一次次失败和绝望中，形成习得性无助。反之，生活在动乱不安的环境中的孩子，他们没有心力和精力关注未来，能够顾好当下才是最优先的选择；没有良好的教育背景，没办法找到高收入的工作，他们取得成绩的希望更小，更容易形成现在宿命主义时间观。

此外，不可忽略的还有社会环境这个因素。社会环境对人的时间观的影响，是潜移默化且非常深刻的。因为社会环境中的各种声音就像背景音乐，当你长时间聆听这个声音，会本能地让自己的节奏与背景音乐相适应。只有你脱离了当前的环境，才会发现这个背景音乐。你会发现不同的社会环境会影响社会中的每个个体。比如出国后，我才发现有些国家的人把“迟到”当习惯。有些拥有宗教信仰的人，现在宿命主义或者超未来导向时间观念很重。个人拥有什么时间观就取决于个人的取舍和选择了。每个人的价值观都会受到系统和环境的影响，而有些人能够跳出系统和环境，看到更多的系统，甚至用上帝视角看到这个系统带来的影响，然后做取舍。当然，这与一个人的阅历和智慧积累有很大关系。

当你有了分辨和思考能力，就会开始主动形成时间观。当你能够主动去修正自己的时间观时，就会不断自我进化。那通过什么方式逐步修正自己的时间观呢？长河实业董事长、《从历史读管理》的作者高鸿鹏老师提到了修正价值观需要的四点：读书、旅行、社交、做事。其实修正时间观，也需要同样的方式。反观我自己，这一路的成长，确实跟这四部分密不可分。

1. 书籍和影视作品

我们都知道，通过读书，可以学习知识，增长见识，改变观念。影视作品对人的时间观的影响，也不容小觑。当你读书或者看剧时，你看到别人的故事，产生不同的想法、情绪，你对自己的认识会加深。比如，你通过阅读这本书，开始觉察到自己的时间观，看到了自己的优势和局限，那么，改变即从此刻开始。我个人特别喜欢读人物传记，一册人物传记，少则十几万字，多则上百万字，记录的是别人一生的精华，浓缩的是最优秀的人生智慧。有人读人物传记，喜欢读其中的故事，我更喜欢研究这些伟大人物为人处世的底层逻辑——他们的价值观、品质、性格。通过阅读传记，我看到，大多成功人士是以未来导向时间观为主导的，其中一部分成功人士拥有过去消极时间观，这类人最初努力是为了“逃避痛苦”，在努力的过程中负面情绪更多。还有一部分人拥有过去积极时间观，相对而言，他们在追逐成功的过程中，心态会更好，幸福感更强。

2. 旅行

通过旅行，可以见世界、见众生、见自己。脱离出自己原来的社会系统，可以看见外面世界的不同，去听不同的声音，去感受不同的价值观，你会开始思考并以更包容的态度看待问题，开启更宏观的视角。

记得我刚到斯里兰卡工作时，作为一个自律的人，非常受不了几乎所有人都会迟到的现象，无论是司机还是律师，我明明是给钱的人，可对方一点不积极，就算多给小费也没用。后来，去海边度假，我自己也平静下来，才发现，原来，“舒缓”“悠然自得”就是这个城市的默认节奏。当我们去旅行，去观察和体会这个世界，会发现自己更加包容，少了一些对“对错”的执着，对不同的人、事、物有了更多尊重，时间观在潜移默化中发生改变。

3. 社交

社交产生的信息交互、思维碰撞是产生深刻认知的必要条件，或者说，是非常好的催化剂，我们的时间观会在这些碰撞中发生改变。

以前我很少主动社交，人会本能地喜欢与自己相似的人在一起，于是我身边的很多人跟我一样，都是很强的结果导向者，注重效率，但是缺少了一点人情味儿。后来，我去美国读书，为了完成作业，要跟不同文化背景的人社交。然后，我的视野就被打开了，我发现，“哦，原来还有些人是这样生活的啊！”那时候我常跟一个韩国裔的同学做小组作业，跟我每天匆匆忙忙、把时间掰成几瓣过对比，他显然要从容自在很多。他跟我相处久了，有一天问我：“Luna，你为什么这么努力？”我说：“为了以后能有好前途，进入自己梦想的企业啊！”他接着问：“进入梦想的企业是为了什么？”我说：“为了过梦想中的生活。”然后，他跟我说：“我现在就在我梦想的环境里，我为什么要等以后呢？我也珍惜时间，但是我珍惜时间是为了好好生活。我为什么不在这个年龄好好生活，而要等到什么都有了再去生活呢？”这句话非常打动我，之后，我才开始偶尔在假期跟朋友去旅行几次，才开始有意识地培养一些现在享乐主义时间观。

再比如，最早的时候，我对一些整天“游手好闲、沉迷豪车”的“富二代”有点看不惯，觉得他们太注重享乐，但后来了解多了，我才发现，原来他们也可以把热爱的事情做到极致，把对车的兴趣发展为非常成功的事业，改装一辆车的收益有时有一两百万元。我才意识到，过去自己的价值观实在有些狭隘。社交可以帮助我们打开视野，在不同观念的碰撞中，让自己原有的观念松动，看见更多可能性。

4. 做事

实践是检验真理的唯一标准，理论与实践的统一，是马克思主义的一个基本原则。做事的过程也是不断打磨塑造自己价值观的过程。在我教学的过程中，我发现很多学员非常好学和上进，但是会陷入一个误区：太喜欢头脑上的学习，忙着读书、上课，但根本来不及去实践。这样的学习跟赵括式“纸上谈兵”有什么差别呢？花费了不少时间，却进步甚微，还可能造成眼高手低。如果在读书、旅行、社交和做事之间，选择一个最重要的，我会选择做事。“纸上得来终觉浅”，唯有做事，在真实的成功和挫折中体验失败与进步、欢乐与痛苦，才能磨炼出自己的时间观。

以上就是时间观形成的基本影响因素以及改变途径。或许你无法改变自己的原生家庭、小时候的教育环境，但是你现在拥有了更多的选择权，可以利用读书、旅行、社交、做事等方式，主动为自己创造条件，调整时间观，修正你的时间投资模式，重塑你的整个人生。

第二步
打破时间投资惯性

当你准备投资时，那些投资类的手机应用会要求你先做一个风险偏好测试。如果你是一个胆小谨慎的人，它会建议你不要去买高风险的股票；如果你是一个激进的偏爱高风险的投资者，它也不建议你把所有的钱都买银行固定利率理财。找到你的性格优势才能赚钱。时间投资也是如此，了解自己的时间管理性格，在性格舒适区找到适合自己的时间管理方式，发挥优势。但同时，股神沃伦·巴菲特（Warren Buffett）说："别人恐惧时我贪婪，别人贪婪时我恐惧。"巴菲特的黄金搭档查理·芒格（Charlie Munger）说："把事情反过来想，总是反过来想。"这两句话都体现了一个观点：大多时候，投资是反人性的。时间投资也是一样，我们需要克服自身性格的局限性和惯性，才能成为时间领域投资的高手和赢家。这一章，我们来到时间投资的第二步：打破时间投资惯性。

认识你的时间性格

在刚开始准备托福和GRE的时候，我背单词和练习听力的计划总是只停留在纸面上，每天完不成进度让我很焦虑。后来我发现，原来我习惯了每天尽快清空邮件，只要看着未处理的邮件就会难受，只要一有邮件就跟上了发条一样不由自主地打开电脑，就跟现在很多人一看到微信上的消息提示就忍不住要点开一样。我意识到，改变这种完不成计划的状况，需要我改变工作和学习英语的优先级。学英语的任务之所以完不成，是因为我惯性地认为：只有工作完成后才能学习英语。然而，工作中的琐事与无穷无尽的邮件，似乎永远处理不完。

虽然有了这个意识，但改变并不是一件容易的事，这种工作模式养成太久了，已经形成了习惯。有时候晚上回家正背着单词，一听到邮件提示音就马上开电脑，不知不觉40分钟忙完后，才一拍大腿："我怎么又去回邮件了！"或者听到了信息提示音，我能管住自己的手不回复，但控制不了脑子，眼睛看着单词，大脑却时不时转移到没处理完的邮件上。

那时候，我不仅喜欢尽快清理干净邮箱，尽快完成自己的工作任务，对别人也有同样的期待。一旦工作中有人因为拖延影响了我的进度，我就会变得很烦躁，不停地催。其实，这只是我个人的进度，人家并没有拖延项目的整体进度，只是比我预期和计划的慢了一些而已。我心情不爽，但又无可奈何，这种事情曾经占据着我负面情绪库里的半壁江山。

其实，这是我的急躁性格在作怪。性格影响行为模式，并形成惯性。当你无法觉察自己的性格时，你的行为被困在相同的模式中，就好像一个设定好程序的机器人，每次运行都在相同的地方出错。我的急躁性格让我不断以相同的惯性模式来投资自己的时间资产，就好比一个急躁性格的投资人，每次股票涨跌时都急不可耐地操作，反反复复为相同的错误买单。**如果我们觉察不到自己的时间和金钱投资惯性，学习再多的投资策略都只是一些堆积在头脑中的概念，无法发挥作用。**

每个人都有自己的时间管理性格，有人做事总是急匆匆的，先动腿再动脑；有人思索再三，迟迟不肯行动；有人喜欢把一切计划得井井有条；有人更喜欢随性而为，不到最后一刻不行动。这些都是时间管理性格的差异。有人疑惑，我学了不少时间管理的方法，为什么在自己身上不奏效？有老板疑惑，为何下属总是跟不上自己的时间节奏？有恋人苦恼，为何我只是迟到了一会儿，对方却感觉天塌下来一样？认识不同的时间管理性格，会帮你找到答案。

找准你的投资主战场

时间性格决定了你的时间投资惯性，那么，如何才能了解自己的性格？下面是来自《沃顿商学院时间管理课》上的测试，你可以通过回答这些问题来认识自己的时间管理性格。

1. 团队合作

A. 我愿意参与团队合作，因为那样任务能够快一点完成。

B. 我喜欢与大家一起创新，而且人越多，我越感觉兴奋。

C. 如果大家的意见不一的话，那我还是单干好了。

D. 遇到比较复杂的项目，我宁愿单干。

2. 准时性

A. 本来我很想准时到达，不过总是在最后一刻遇到事。

B. 我总是在最后一刻到达约定的地点，而且所幸未曾迟到过。

C. 我总是掌握好时间，因此我一向都很准时。

D. 我宁愿早出门一些，以求自己可以更准时一点。

3. 做事的先后顺序

A. 我没办法长时间应付多种任务，我喜欢全身心投入一件事情中。

B. 我不喜欢做事分顺序，对我来说，所有的任务都是一样重要。

C. 我能够同时应对多项任务，不过，我要先分出先后顺序。

D. 我认为将事情分出先后顺序很有必要，这能够节省很多时间。

4. 委派能力

A. 我喜欢独立完成任务，不需要他人的帮助。

B. 我不愿意请人代劳，哪怕手上有多重任务。因为我坚信自己的主意最好。

C. 我愿意将任务交给他人，这样我就能关注更重要的任务了。

D. 除非我信任并了解对方的能力，否则我不会轻易将任务交给对方。

5. 计划性

A. 我喜欢进行粗略的计划，这样能够在遇到新任务时进行快速调整。

B. 我认为按日程表做事会使人受到拘束，我喜欢自由支配时间。

C. 我会计划好一天的任务，而且不分大小，完全精细化。

D. 我会对一天的任务进行计划，我不喜欢混乱地做事。

6. 拒绝能力

A. 对那些感觉有挑战的要求，我会毫不犹豫地答应下来。

B. 我愿意帮助他人，所以往往很难拒绝别人。

C. 如果对我不重要的事情，我会明确地拒绝，我坚信这样不会为我带来麻烦。

D. 我不愿意惹别人生气，所以，我宁愿委屈自己也要说同意。

7. 整洁性

A. 我不太在意整洁性，必要的时候，我会快速整理一下。

B. 我喜欢杂乱，过度的整洁会让我感觉枯燥无味。

C. 我的工作台只在忙碌的时候很乱，平日是很整洁的。

D. 我必须要保持工作台整洁，否则我便无法安心工作。

将自己的选择加起来看一下，自己的A、B、C、D中哪个选项更多？选得最多的那一项，反映了你在时间管理上是哪一类性格。

选项	A	B	C	D
数量				

A选项多：急躁型时间管理者，一切都以速度为准，追求速度越快越好。

B选项多：随意型时间管理者，不喜欢做计划，喜欢即兴处理问题。

C选项多：实干型时间管理者，总是寻找时间、利用机会来推进工作。

D选项多：精细型时间管理者，这类人关注细节，总是从小事上看出区别。

根据以下列表，你可以看到自己的时间管理性格特点：

时间管理性格一览表	
急躁型时间管理者	• 思维敏捷 • 说干就干 • 积极进取 • 能够灵活地掌控时间 • 能够帮助他人 • 善于与人合作 • 善于利用信息者

续表

时间管理性格一览表	
随意型时间管理者	• 积极的思维踊跃者 • 有创造力 • 对时间抱以乐观态度 • 善于创新 • 紧急关头的应对高手 • 善于发散思维
实干型时间管理者	• 总是干劲十足 • 高效的时间管理者 • 怀有雄心 • 精力过人 • 果断 • 善于解决问题 • 善于指挥 • 能够勇敢地说“不”
精细型时间管理者	• 喜欢追求完美 • 聪明，在某一领域是优秀者 • 有见地，有预见性 • 善于组织 • 谨慎，对风险尤其如此 • 善于分析局势 • 对时间管理报以认真态度 • 重视质量，追求细致化工作

（以上测试摘录于元亨利老师的《沃顿商学院时间管理课》）

你可能发现，自己的时间管理性格并不单一。其实，没有人完全是某一型的时间管理者。我们以往的时间管理习惯、工作特点使得我们形成了某种个人独有的时间管理特点。

了解自己的时间管理性格有何意义呢？想一下，你在手机应用里买股票或者基金时，这些手机应用是不是会要求你提前做一个风险偏好？如果你是保守型，那么它会建议你选择低风险的债券产品或者基金定投。如果你是激进型，它会推荐你买高风险的股票。假设你偏好低风险，却偏偏去买高风险的股票，很有可能一看见涨跌就沉不住气，上班的时候都没办法安心。同样地，一个平时自由随性的人，如果安排了精确到分钟的计划，肯定也是坐立难安，浑身不自在。在金钱投资上，要顺应你的性格特点。在时间投资上，也要**清楚自己的时间性格特点，找到发挥优势的主战场，同时有意识地规避或者平衡劣势。**

急躁型时间管理者

他们做事效率第一，是忠诚的时间管理拥护者，很多时候先行动再思考，执行力强，情绪内耗少，所以**他们是优秀的执行者和项目推进者**。但是同时，**他们可能会思考得不全面，不去思考最优解而直接行动，无法站在战略的高度思考问题。只追求速度，而忽略了质量。**

我的小助理就是急躁型时间管理者。她效率高，执行力强，但有时会粗心大意。比如有一次，开课前拉微信群，报名的学员没进来，拉进来的是同昵称的其他人，诸如此类的问题频繁出现。

还有的时候，我安排了一件事情，却发现她做出来的结果跟我的预想完全不一样。比如上次我在工作群里问："新开的课还没拉微信群吧？你给我统计个 ×× 数据，然后决定今天是不是拉群。”结果，她看完信息忙乎一阵子后，告诉我，群拉好了！我当时是震惊的。之后她告诉我，原来她看到“新开的课还没拉微信群吧？”这句话，就以为我是在催她，后面的文字根本没进脑子，马上就去执行了。你看，同样一句话，如果两个人大脑里面的规划（或者说数据库）不同，解读出来的内容也会不同。当她在我这里接收到任务的时候，不多加确认，也不问为什么，只是顺着自己的想法马上执行。

没有经过刻意修正的急躁型时间管理者，抗压能力也会相对弱一些，这里主要有两方面原因，一是待办事项过多时，就会着急崩溃；二是计划外事件打乱节奏时，会让他们觉得失去掌控感，压力倍增。

所以，急躁型时间管理性格的时间投资人，经常会面对这样的损失：因为仓促犯错而返工，造成时间浪费；因为着急没有深思熟虑而做错事情；因为着急而造成过重的心理压力。因此，对于急躁型时间管理者我给出三个建议。

1. 提前准备方案，应对因粗心大意犯的低级错误

一方面，可以设置清单，把常做的项目流程梳理清楚，尤其是对一些关键节点要重点留意。比如一个负责推送公众号文章的工作人员，就可以设置一份“公众号文章推送清单”：题目字数是否合适，文章是否加原创、结尾是否引导转发……通过一系列问题，把复杂琐碎的事情变得清晰可控。又如，准备一份“出差行李清单”，每次出发前按照清单整理和检查行李，这样做快速又放心。如果急躁型时间管理者能把“清单法”融入工作和生活，可以有效规避许多错误[①]。

另一方面，注意识别你的情绪信号。往往人们在最急躁的时候，也是犯错率最高的时候。每当你意识到自己急躁了，就需要先停下来，比如做几个深呼吸，把注意力转移到你的身体感觉上，等心情平复之后再去工作。如果你没办法平复情绪，那就要**注意后面的检查程序**，检查时注意，尽量把事情“静置”一会儿再检查，如果立即检查，你的头脑还在原来的运转背景里，很容易忽略错误。

2. 先确定大方向，再执行

因为我的小助理最开始总是误解我的意思并匆匆行动，做事的方向错了，时间和精力被白白浪费。后来，我开始有意识地让她复述一遍，情况就好了很多。急躁型时间管理者最好养成一个思维习惯，**做事之前，稍微停顿一下，问自己几个问题：**我做这件事的目的是什么？跟别人或者自己的预期一致吗？现在的做法能够达到目的吗？

我经常说，在理财上，**大方向错了再追加投资就是“傻”**，同样地，在生活和工作的方方面面，急躁型时间管理者要先思考并确定大方向再行动，而不是在错误的方向上越跑越远。

---

① 更多关于清单的内容，推荐参考书籍《清单革命》。

3. 提高自己灵活应变和抗压的能力

合理规划待办事件，比如通过四象限原则，分辨事情的重要和紧急程度；此外，通过记录、分析、复盘等，增加自己对时间的掌控感。这部分内容在本书的第二部分“时间投资技法”有更详细的讲述。

总之，急躁型时间性格管理者要善用自己的高执行力和高效率，但是也要注重质量，注意大局观和方向。

随意型时间管理者

我有个朋友，他是一位工科博士，他在自己的研究领域有不错的积累，整个实验的老师和同学，如果谁有质谱、色谱等仪器分析方面的问题都会第一个想到他。他也受到大家的喜爱，但是经常被自己的导师“教训”，为什么呢？

大家喜欢他，是因为他有求必应。“师兄，你看我这个仪器怎么回事？”“师兄，你看我这根柱子选得对吗？”老师也经常来找他：“我这个报告还缺一部分内容，你给我写了吧！”“我这儿有几个样品，你给我测了吧！”

他自己的任务（比如做实验、写文章）没有明确的截止日期，往后拖一下没什么大问题，所以每天都在忙着别人的事，自己的实验课题进展很慢，论文拖着不写，就经常被导师“挥鞭子”。然而，老师再怎么教训，也不见他着急，好像最后一刻他总有办法处理得了。

这位博士就是一个典型的随意型时间管理者。**随意型时间管理者在时间管理方面的最大特点就是“不管理”**。他们自由、随性、乐观、焦虑情绪少；他们活跃思维，善于思维发散，创造力强，不少艺术家都是随意型时间管理者；他们遇事镇定，是应急公关高手；他们不怕浪费时间，不愿意拒绝别人的请求，一般有不错的人际关系。这些优点都是他们在职场上的加分项。

然而，他们过于随性，做事看心情，不喜欢做计划，或许会在年初这种特殊的时间节点，内心激动而发下宏愿，然而过完年又把一切遗忘在风中。他们做事容易抓不住重点，经常忙碌了一天，正事却来不及做或者干脆忘了做；他们常常掌握不好时间节奏，拖延到最后一刻才着急。虽然随意型时间管理者大多时候自己很自在，但是在团队协作中，因为不守时，会让别人很痛苦，久而久之，必定会影响他在团队中的位置。很多随意型时间管理性格的创意工作者，如果总把截止日期当动力，可能会因为时间太紧迫，无法发挥出最好的才能。

综上，随意型时间管理者在投资使用时间上最大的特点就是随意，他们被动性大，对时间没有掌控力。试想一下，如果一个人在金钱投资上也随性而为，你觉得会有怎样的回报率呢？因此，随意型时间管理者如果要提升时间投资回报率，在发挥优势的同时，务必规避劣势，这里给出三条建议。

1. 有目标，有前行的大方向

随意型时间管理者大多都具有比较重的当下享乐时间观或

者当下宿命时间观，也就是说容易忽视未来。正所谓“无目标而生活，犹如没有罗盘而航行”。没有目的地，没有方向，时间久了，你这条生命的大船，在茫茫大海看不到岸，会失去前行的动力，或者四处漂流，一直无法上岸。目标的制定会让你在一个大方向上持续前行和积累，最终，让时间站在你的一边。

2. 注意时间节点，主动设置截止日期

都说“Deadline（截止日期）是第一生产力”，这句话对于随意型时间管理者更是真理。随意型时间管理者经常对时间错误预估，再加上他们心理素质过于“强大”，很少着急，如果事情本身没有截止时间，这件事很可能就会无限拖延下去。尤其在团队工作中，时间节点尤为重要，这个时候，你需要主动给自己设置“deadline”，并且尽量把项目拆分，多设置几个节点，就不会在最后时刻过于被动。

3. 做计划

看到“做计划”这几个字，就足以让随意型时间管理者心生抵触了。当然，随意型时间管理者不适合做太详细的计划，但是也需要有个大致的计划，主要安排好两类事情的具体时间：第一，和别人的预约事件；第二，有截止日期的事件。其余的列出来，有个完成的大概时间段就好，保持一定的弹性。

总之，随意型时间管理者在发挥自己灵活性、创造力的同时，也要注意利用一些方法和工具，比如目标、计划、deadline等约束自己，从而扬长避短。

实干型时间管理者

一般实干型时间管理者都很有事业心，以及很强的结果导向。不同于急躁型时间管理者，他们更有大局观，会从整体和战略的高度把握事件，分配时间和精力。这种类型的时间管理者不仅需要时间管理的技巧和硬技能的储备，还需要优秀的品质和见识，比如果断、勇敢等。有时候为了保护自己最宝贵的时间精力，他们会拒绝别人的请求。简单来说，实干型时间管理者就是时间投资回报率比较高的类型，在工作中也比较容易出成绩。

一般实干型时间管理者经历过一段时间的努力，都可以做到领导层的位置。在这个位置上，他们会扮演一个有雄才大略的用兵者的角色，善于管理和指挥。但是，这类性格的人也会面临一些问题。我自己就是实干型时间管理者，自曝一下黑历史：之前在公司做领导时，经常因为下属跟不上我的节奏而焦躁，自己情绪崩溃，下属也觉得无辜和煎熬。如果实干型时间管理者做了领导，请理解你的下属，不是同一时间性格的人可能达不到你的要求。你自己实干没有问题，但不能要求所有的人都和你有相同的投资回报率，也许别人经验不够丰富，也许别人资源不足。你需要了解你下属的时间性格特点，一方面，对他们慢慢教导和培养；另一方面，找到他们的优点，放在对的位置上。比如给随意型时间管理者多一些创意型或者公关型工作，并明确设置截止日期；对待精细型时间管理者，分配任务的时候，就告诉他事情的优先级，避免他纠结细节、抓不住重点。

再者，实干型时间管理者多为拥有未来导向时间观的人，如果过度以结果为导向，就会变成“工作狂”，忽略生活和家人。其实很多实干型时间管理者内心也知道要兼顾家庭、健康、友情等，但是他们工作起来好像有惯性一样，总是停不下来。我分享一个对自己非常有效的做法：**在一开始列计划的时候，就要把休息、陪伴家人、关心朋友等时间安排进去，并且强制执行。**比如说，我在周末列下周计划的时候，就会把下周里的一天单独空出来，不安排任何工作，去做个按摩或者找朋友聚餐；每天给自己安排一个投资快乐计划，比如听一首歌、给家人打个电话等。

有人可能会说，没办法，工作太忙了，身不由己。作为一名精力管理教练，我深知休息和放松的重要性，不夸张地说，不会休息的人，也不会工作。人的精力就像一块电池，必然要保持充电和放电的平衡，适时的休息和陪伴家人就是一个充电的过程，可以让你精力更充沛，头脑更专注，情绪更稳定。

精细型时间管理者

我团队有个小姐姐是“表格控”，对她来讲，没有什么不是一个表格不能捋清楚的。每天吃饭、睡觉、开车、工作……花的时间都会记录下来，月末还会绘制成曲线，做成报告。她说，看着这曲线，心里倍儿爽！她会计算洗一个碗需要 30 秒，做 3

个家常菜用30分钟，走路100米用70秒，甚至对于什么时候发朋友圈都预留出时间。她就是典型的精细型时间管理者。

精细型时间管理者追求细致化工作，重视品质，因此任务交给他们，非常放心；他们有耐心、踏实、能沉得下心来在某个领域学习和研究，可以成为领域内的专家；他们谨慎，注重细节，对风险尤为敏感，如果团队里有他们，可以避开很多坑；他们对时间管理的态度非常认真，时间颗粒度细，可以把时间管理做到极致，因此浪费时间比较少。

精细型时间管理者和急躁型时间管理者正好相反，**他们往往想太多。有时候，会因为想太多而把自己困住，裹足不前。**很多人都听过一句话："三思而后行。"这句话出自《论语·公冶长》："季文子三思而后行。子闻之，曰：'再，斯可矣。'"大概意思是：季文子这个人遇到事情总是反复思考然后再行动。孔子听说这件事，说："考虑两次就够了。"《道德经》中也有同样的观点："少则得，多则惑。"但是精细型时间管理者似乎总忍不住要反复思考，延迟行动，为什么呢？

其实因为他们有一种心态——完美主义。他们总希望反复思量出一个最优解。可是，我们投资时，谁能保证自己一定会在最低点买入，在最高点卖出呢？如果你总是犹犹豫豫，再好的机会都错过了！应对这个问题的最好方式是：放下一次就做到完美的执着，搭出小台阶，一步步趋近完美。比如，做计划这件事，精细型时间管理者喜欢把时间用到极致，计划安排得特别精准，恨不得每5分钟做什么都列清楚。然而，**当他们对时间的掌控力没那么强时，这样的要求很容易引发焦虑**。之前有学员反馈："我学习了时间管理的方法，可是尝试了几天之后，计划总是无法完成，搞得自己又焦虑又挫败，干脆放弃了。"对此，最好的应对方式就是迭代思维，一开始能力不足，先不要做太过细致的计划，从粗到细慢慢过渡，对"不完美"保持一定的接纳。

此外，**精细型时间管理者有时也会太专注细节，而忽略大局**。比如在工作上，只顾埋头拉车，不抬头看路，死磕一个领域，路越走越窄，错失更大的机会。所以，精细型时间管理者必要时请先抓住最重要的事。不要把所有的注意力都用在小额资产的投资上，真正决定你投资回报率的是你的重仓资产。

每种时间管理性格的人，都有自己的优势，你需要找到自己的主战场，在优势领域发挥潜力，就好比保守和激进的投资人都能赚钱，只是赚钱方式不同而已；同时留意你最容易栽跟头的地方，不要总在同一个坑里摔倒，让自己的时间资产白白损失。

打破你的性格局限

我发现有些学员测试完自己的时间管理性格，然后就给自己贴上了标签："我是随意型的性格，怪不得做的计划总完不成呢！”“我是急躁型的，最受不了别人磨蹭！”我们了解自己的时间管理性格，是为了给自己贴个标签，然后把自己套在一个框框里吗？就好比，一个保守型的投资者，就只能一辈子买稳健型低回报率的产品吗？就不能通过学习掌握更多投资策略，拿出一部分资金去买一些高回报的产品？当然不是。

你的时间管理性格就像你大脑里面本来自带的系统，是你的主场。**你可以先在自己的主场里发挥好优势和最大潜能，同时尽量减小劣势的影响。**比如急躁型时间管理者执行力强，就去做一些需要快速推进的工作，尽量不去做需要注重细节、磨到你崩溃的工作（比如财务、会计）。再者，要去认识和了解身边的人，从而更好地沟通和合作。比如，你老板是个急躁型时间管理者，就不要在他面前说话不讲重点，惹他生气。

但是，只在主战场发挥优势是不够的，**还需要开启你的监测系统，在了解自己的性格优势的同时，去看优势有没有影响到我们的决策、判断、情绪和行为。**很多时候，我们所谓的优势用过头，就变成了劣势。顶级的投资者在投资的过程中，很多时候不仅需要有耐心和坚持，还需要在市场回撤时克服恐慌，在市场调整时控制急躁，在股票大涨时抑制贪婪，这些都离不开强大的大脑监控系统。

我以前是非常典型的急躁型时间管理性格，做事效率高，容易出结果。但是，我对时间的要求极其苛刻，有人迟到一会儿，都会让我感到烦躁。好在随着这么多年的修炼，我已经有了一定的觉察，大多时候，我都能看见自己的性格在工作中起到的作用。比如说，我最近在等一本时间管理手册的终稿。工厂打样之后，我让供应商寄给同事确认一下，然后定稿。本来定稿时间已大大超出了我的预期：我的第一道底线是10月初，第二道底线是10月底。现在已经到了11月初，这对一个严格的急躁型的人来讲，简直就是个大挑战。我千叮咛万嘱咐供应商，一定要发顺丰，用最快的快递。结果，供应商给我发了一个德邦快递，网上显示要5天才能到。

看到这个消息的瞬间，我感觉血液噌噌往上蹿，心口一团怒火马上要喷薄而出。心里有个小声音说："我都火上房了，您却发个5天才能到的快递？！"当这团怒火升起来的时候，我就知道，我的急躁型性格对情绪起到了催化作用。其实事情本身不大，延后几天也不会造成严重损失。只是这件事超出我预期太多，才引起这么大的情绪。好在我非常了解自己的性格，所以即使急躁，我也不会被情绪控制和淹没。我没有直接向供应商发火，而是直接陈述了自己的难处，请求他在接下来的生产环节给我挤出2天时间。

这件事情并没有结束，快递发出的2天后，我的同事们都收到了快递。这时我的急躁情绪早就消失，我开始思考，这个我认识多年的人真的会为了节约几块钱，刻意选个慢的快递？是不是我太主观了？于是，我去找他确认。果然，对方解释说，他问了顺丰，双十一期间需要3—5天，而德邦只要3天，他为了快才选择了德邦。我内心满满的感动，同时也松了口气：幸亏我之前只是表达了需求，没有在情绪的影响下说出不太理智的言辞。如果那样说，既伤了人心，也失了风度。

你看，谁都有自己独特的性格，这些性格让我们遇到事情时，按照惯性做出反应。**如果我们不想被性格惯性绑架，就要有意识地监督自己。**比如，4种时间管理性格中，急躁和随意相对应，实干和精细相对应。你可以先看看自己有什么优缺点，有意识地去监控自己的性格在当下的场景中是不是最适合其发挥的。急躁的时候，试着提醒自己保持乐观的态度，更沉稳地应对各种紧急事件。过于随意的人，要学会在关键事件和关键节点说干就干，积极进取。当然，性格的主场不是一下就可以改变的，比如一个随性的人不可能在任何时候都保持准时和有计划。只要在关键事件中，通过开启监测系统，一点点修正自己的行为就是进步。同理，实干型的人要在重要时刻更精细一些；精细型的人要学习实干型的果断和高效，适当放下完美主义。

当你对自己的性格及行为开启了监控，你也就开始了一步步修正和超越性格的过程。比如4种时间管理性格中，相对而言，比较高效的时间管理性格是实干型时间管理者（C）和精细型时间管理者（D）。尤其高效的是以实干型为主导、以精细型为辅助的人，即先有大局观，再看细节的人。如果你希望向这种时间管理性格过渡，就要观察和学习大脑里面有C、D模式的人怎么做，然后去模仿执行他们的系统。当然，切换自己的操作模式，不是件简单的事情，你要克制住自己的本能，按下暂停键，去思考别的性格的人怎么做，然后再行动，而不是直接按照惯性行动。

还有人问我，我不知道人家的性格模式是怎么执行的，怎么办？很简单，在你的生活环境中，去寻找一个拥有C和D性格模式的人，最好是可以频繁接触的同事或者家人。通过长期观察、模仿甚至请教，慢慢地，你就可以在工作中更有效率地利用时间。

任何性格都有自己的独特性，对自己时间性格的认识，就是为了找到自己的投资主战场，并在主战场收获最大收益率。同时，你还要开启自己的监测系统，不断修正，在投资时做到不被自己的性格惯性所局限。毕竟，市场上有那么多优质的投资产品，如果你只会用同一投资模式买同样的产品，那你盈利的选择可就太少了。

第三步

掌控情绪，做理智的时间投资者

在投资中，投资者什么时候最容易投资失误呢？沉不住气的时候。股票投资中，有个词叫市场恐慌指数（Volatility Index，VIX）。当股票波动率大时，人们恐惧心态增加，更加频繁地操作，造成股价进一步波动。人们越是沉不住气，越容易冲动操作，造成损失。一个无法掌控自己情绪的人，很难成为一个优质的投资人。在时间上的利用也一样，回想一下，当你沉不住气时，你大部分时间在做什么？很多人都选择了刷手机、聊天、打游戏，甚至冲动地做出决定，从而造成难以挽回的损失。因此，如何合理应对情绪，保持理性，是时间投资人的重要功课。这一章，我们将开始学习时间投资的第三步：掌控情绪，做理智的时间投资者。

负面情绪在影响你的时间投资状态

我在 2020 年买了一只美国成长指数 ETF[①]，3 月买入时价格

---

① ETF：交易型开放式指数基金（Exchange Traded Fund），是一种在交易所上市交易的、基金份额可变的开放式基金。

为 130 美元多一点，相对来讲算是一个小低点，然后我就一直持有到了 2020 年 10 月底，那时它反复在 200 多美元震荡，我最初的判断是还会上涨，至少可以翻倍到 270 美元。当时美国股市开盘是晚上，那天我吃完晚饭回家，看见我家黑猫摔碎了我的手机屏，还偷吃东西，在家里吐得到处都是，呕吐物里还带着血。这家伙总喜欢趁我不注意时偷偷藏东西，然后再悄悄吃掉，我千防万防，这次又被它有机可乘。我又气又急，一边烦躁地刷手机看大盘，一边观察猫需不需要送医院。然后，我竟然鬼使神差地把股票清仓了，那时候才涨到 230 美元，算是当天开始上涨的最低点，之后一路上涨到 350 美元。

但凡我看大盘时能冷静一些，按照我平时的操盘逻辑，绝不会出现这样的失误。这是一次纯粹由于情绪冲动引起的金钱投资操作失误。那么在时间的投资上，你有没有犯过类似的错误呢?

想象一下这个场景：早上起床稍微晚了点儿，为了不迟到，就准备打车去公司。然而，司机花了好长时间才接到你，上车后司机一边开车一边发火，踩油门和刹车猛得像过山车，你被晃得头昏脑涨，还憋了一肚子火。到了公司，老板开会问你问题，你答得乱七八糟，心情更郁闷了，你看谁都不顺眼，无法专注工作，导致计划完不成……好不容易下班回到家，本想补一补白天的工作进度，恰好碰上孩子不好好做作业，一顿怒吼之后，你把自己扔在床上，只剩喘气的力气……

与之相反，还有一种情况：早上起床心情就莫名的好，到了工作单位，不光计划本上的任务高效完成，还完成了很多计划外的事情。然后，你对同事和家人也很包容，度过了完美的一天。

是什么造成了这两种截然不同的状态呢？很明显，是情绪。在专业的投资领域，有一个参数叫市场恐慌指数★。当股票波动率大时，人们恐惧心态增加，于是沉不住气，更加频繁地操作，造成进一步波动。人们越是沉不住气，就越容易造成损失。情绪对人们的时间投资的影响也一样。太多时候，你的计划任务完不成，不是时间不够，而是情绪来了，你无法掌控自己的行为，只能把时间资产消耗在刷剧、发呆、打游戏这些事上。并且坏情绪还会引发连锁反应，情绪越糟，事情越不顺利。

投资学知识小卡片

★ 恐慌指数

恐慌指数原译为波动指数，是由芝加哥期权交易所（Chicago Board Optiors Exchange，CBOE）在 1993 年推出的市场指标。恐惧指数的核心概念在于反应 S&P500 指数未来 30 天的隐含波动率，当此数值越高，表示投资人对于股市的前景越感到不安、无法预期，可能出现大量买进或卖出。相反，若投资人认为未来的股市表现稳定，波动幅度小，该指数就会下降或者维持在相对低点。

如果按照积极和消极来给情绪分类的话，常见的正面积极情绪就是我们时间投资里的助推器，而消极情绪对普通人来讲就是阻碍了。常见的正面情绪有：乐观、积极、勇敢、自信等；常见的负面情绪有：生气、伤心、恐惧、受伤害、内疚、不耐烦、疲惫、懒散、冷漠、缺乏兴趣等。

每个人都会有情绪，情绪本是流动的能量，并非固定和恒久保持的。负面情绪也有它存在的意义，但是成年人需要学会管理情绪，学会降低负面情绪对自己的影响，提高正面情绪的比例，让情绪成为时间投资的加油站。接下来几节，我会给你一份有效的情绪急救手册，帮你及时从负面情绪里脱身，同时，教你正确面对常见的情绪问题，比如拖延、上瘾、焦虑等，成为一个理性的时间投资人。

快速应对你的负面情绪

我们跟情绪有两种相处方式，一种是被情绪绑架，另一种是主动管理情绪。被情绪绑架有什么表现呢？比如生气时无意识地发脾气，或者通过聊天、看视频、打游戏来转移注意力。这些方式或许可以帮你降低情绪强度，但效果是随机的，并且你在情绪中也很难有所学习和成长。因此，我更提倡大家主动管理情绪，主动了解和认识情绪，在情绪来临时能够合理应对，并在情绪中有所成长。

情绪工具包，带你走出情绪陷阱

在主动管理情绪的过程中，我有一套情绪管理操作方法，是我通过多年学习和实践总结出来的，每当情绪来临，这套方法可以让我快速应对，避免被情绪绑架。

首先，当情绪来临时，深呼吸几次，**给情绪按个暂停键，防止你在情绪的裹挟下说出不合时宜的话或者做出冲动决策。**深呼吸可以让我们的血液从杏仁核（“情绪报警器”）回到大脑皮层（大脑皮层可以让我们有意识地控制行为），恢复理性，也可以使在情绪模式下活跃的交感神经平静下来。

然后，如果有条件的话，我会让自己换一个环境，离开当时的场地。比如我原本在办公室，我可能会选择去咖啡厅，或是去楼下的商业街走一走。

此外，我还有一个情绪工具包，我会从里面抽取几个工具进行排列组合，去快速应对这些情绪。这个情绪工具包主要是从视觉、听觉、嗅觉、味觉和触觉（即五感）来调节情绪的。下面是我总结的对我比较有效的方法，每个人的偏好不一样，你可以参考我的方式，也可以根据自己的情况，不断测试并补充各种方法，形成自己的专属情绪工具包。

视觉：比如到大自然中看看绿色的草木和蔚蓝的天空，我很喜欢落日时分澳洲粉色的天空，特别治愈。我偶尔还会看看搞笑视频，但绝对不看连续剧（容易上瘾），也不看悲伤的电影。

听觉：我很喜欢听大海的声音，我还会听一些节奏舒缓的钢琴曲。建议大家自己建立一个情绪调节专属音乐库。

嗅觉：我常用的是精油，最喜欢葡萄柚、玫瑰、橙子的味道，并且精油用蜡烛加热比滴入空气清新剂会更让我心情愉悦。

味觉：这个我用得比较少，我不主张在情绪下吃东西，一方面容易暴饮暴食，另一方面本身情绪不好时，你整个人的消化吸收能力是受到影响的。偶尔情况特殊，没有其他选择时，我会吃一小块糖，或者喝一点带糖分的饮料。

触觉：洗澡、运动、按摩都是很好的方式。

大脑是依靠感觉来收集信息并做出反应的，但是每个人的五感输入系统并不一样，比如我的嗅觉和触觉相对发达一些，所以我用精油、洗澡、运动、按摩这些方式，见效都很快。味觉、视觉的方式会相对慢一些。

除此之外，还有一些情绪宣泄的方式，也非常有效。比如，自由书写，把你所有的情绪都用文字表达出来，或者画画、弹乐器、唱歌、打枕头、大哭一顿等。总之，把你的情绪通过各种途径发泄出来，既不会伤害到别人，又能让自己从情绪旋涡中脱身。

大家可以根据我给的这个方向和思路，去不断地开发和测试自己的情绪工具包。

情绪觉察日记：在情绪中成长

其实情绪是一种信号，每一次情绪发泄都提供给你一个认识和提升自己的机会。我推荐大家写一写情绪觉察日记，去分析情绪信号，让情绪成为你的成长加油包。

情绪觉察日记如何写？可以参照这个模板：

1. 发生了什么事？引发了我什么情绪？

2. 我有什么未被满足的需求？

3. 通过这件事我学到了什么？

4. 当下的我可以做什么来更好地照顾情绪，解决问题？

这个模板看似简单，其实充满“小心机”：

首先，你需要客观描述事实，“客观”两字很重要，这会一定程度矫正你的视觉滤镜和思维惯性，减少过度解读。举个例子，你这样描述一件事：男朋友太气人了，一点儿都不在意我，竟然挂掉了我的电话！换成客观描述就是：我打电话给男朋友，他挂掉了我的电话。你体会一下，哪句话能让你保持客观理性，哪句话会加重你的情绪？

其次，详细描述自己的情绪。当你描述情绪的时候，往往就已经站在了旁观者的位置，从原来的情绪旋涡中抽离出来，站在更宏观的位置来看待情绪，而不会越思虑越陷进情绪里。大家不要认为描述情绪是很简单的事，其实很多人对自己的情绪是“麻木”的，他分不清自己是委屈、难过、生气还是担忧，只是模糊地觉得“我不开心”。通过不断觉察和描述情绪，给情绪命名，你感知情绪的能力会增加，解析和应对情绪的能力也会增强。

“我有什么未被满足的需求？”这个问题的意义在于挖掘出你的真实需求和内心渴望。很多时候，你的行为和你内心的真实需求是相悖的。比如，男朋友挂掉你的电话，你赌气说：“以后你爱接不接电话，我才不在意呢！”其实你的真实期待是“希望男朋友多关心我，让我感受到被关爱”。又比如，孩子调皮摔倒了，你带着责备的语气说：“你怎么这么不小心！”其实你真正想表达的是“我很担心你”。通过觉察，看见自己的真实需求，就能减少很多不必要的矛盾。当然，挖掘内心的真实需求并不是一蹴而就的事，需要你像剥洋葱一样一层一层挖掘。不过不用急，每剥开一层就有一层的收获和喜悦。

“这件事让我学到了什么？”这个问题的目的是让你在情绪中反思和成长，不在相同的坑跌倒。

最后一个问题“当下的我可以做什么来更好地照顾情绪，解决问题”，可以帮你更好地看见和接纳情绪，看见还有哪些未消化的情绪需要自我调节，然后帮助你把注意力放在行动上。毕竟唯有行动，才能解决问题；唯有行动，才能真正成长。

举个例子：2020 年春节前后，正是国内疫情最紧张的时候，我朋友圈里一个小姐姐吐槽自己爸妈一天运动 2 万步，去了菜市场买菜，还坐了公交车。这正好也提醒了我，我打开微信运动的界面一看，我爸也是走了 1 万多步！我千叮咛万嘱咐他尽量不要出门，他口头上答应了，可这个明晃晃的数字告诉我，他在糊弄我啊！我立马铁青着脸拨了电话过去，幸运的是，我在最后一刻保持了清醒，用比较克制的语气跟爸爸进行了沟通。但我明显感觉情绪还没完全消失，就洗了个澡，加热了精油，开始写觉察日记。

1. 爸爸在疫情期间不老老实实在家待着，让我感到痛苦和愤怒。

2. 我未被满足的需求：我爸爸没有听话，没有满足我的控制欲。

3. 这件事让我看到我和父母彼此之间一个长期的情绪模式：小时候我不听话，他们生气；我长大后，他们不听我话，我生气。我们一直都在彼此控制。

4. 基于现状，我管不住我爸爸的行为，就只能接纳。然后，我可以多买口罩，确保他每次出门可以用新口罩。虽然当时口罩的货源很紧张，但也是我唯一能为他做的事。

通过这次觉察，我发现了自己跟父母之间互相控制的模式，之后我会刻意去提醒自己保持边界，父母是成年人，他们可以为自己的行为负责，我尊重他们的选择。从这之后，我跟父母的关系也变得融洽了许多。

无论是在工作中，还是与伴侣、孩子的关系，你都可以在情绪中了解自己、提升自己。我贴几个学员的情绪觉察日记（已取得他们的授权），供大家参考。

觉察日记 1

1. 今天花了很长时间刷手机，计划没完成，我感到焦虑、失落、内疚。

2. 我希望自己能够把时间都花在有用的地方。我头脑中有一个观念，认为只有高效做事，足够努力，才算一个优秀的人，才可以获得家人和老板的喜欢和肯定，我才值得被爱。这让我看见自己的一个隐藏信念：我浪费了时间 = 我不优秀 = 我不被喜欢。这导致我常常谴责自己，也不敢向别人展示真实的自己。

3. 我学到了，一方面，学着接纳不完美的自己，减少情绪内耗；另一方面，做好时间管理。

4. 基于当下我可以做的：（1）释放情绪。（2）每日计划注意留白。（3）工作时把手机锁在抽屉里。

觉察日记 2

1. 早上发现老公昨晚给儿子穿反了纸尿裤，吸水面朝外，尿都漏床上了。这令我感到无奈、烦躁、愤怒。

2. 这个情绪告诉我：我期待老公能靠谱一些，帮我分担责任，而不是添乱。我也意识到，我对老公有过高的期待，期待他事事完美，不允许他犯错。这也是我个人的投射，不容许自己犯错。

3. 我从这件事中学到：提醒老公给孩子穿完纸尿裤要检查；学着接纳自己和他人的不完美，接纳“人人都会犯错”这个事实。

4. 当下我可以做的：先处理情绪，接纳和释放情绪。然后不带情绪地跟老公沟通，顺便请他洗床单。

觉察日记 3

1. 今晚跟孩子说，先完成作业再玩耍。可是他一直抱着手机不放，我强调了好几遍他才放下手机，不情愿地去写作业。我感到暴躁和愤怒。

2. 我意识到，我内心希望孩子能够听话，养成良好的学习习惯。

3. 我学到，只是依靠口头上对孩子的催促，效果很有限。我自己平时也没有做好榜样，经常自己刷够了手机才去干活。

4. 基于当下，首先，我需要给自己和孩子一个期限，养成好习惯是需要时间、过程的。再者，我跟孩子约定，互相监督1个月，我和孩子都要做到先完成各自的任务再娱乐，完成或者未完成都有相应的奖励和惩罚。

负面情绪并不可怕，重要的是，你要学会为自己的情绪负责。当情绪到来时，你知道如何做可以避免因为情绪造成损失，知道如何把自己从情绪中解救出来，也知道如何在情绪中有所成长。如此，你才能把时间资产投在正确的地方，减少投资损失。

治愈拖延症

最近有越来越多的学员在作业或者课堂上提问："Luna，我有拖延症怎么办？"不得不说，拖延症似乎成为大家时间管理之路上最大的"绊脚石"。实际上很多人根本不是拖延症，但当你给自己贴上"拖延症"这个标签时，反而会让自己越来越拖延。

对于普通人来说，其实轻微程度的拖延是正常的，毕竟人类解决温饱问题不过是几十年前的事，及时行乐乃是人之生存本能，谁还没有点犯懒和拖延呢？不过，当拖延开始阻碍你的正常生活和工作，甚至已经开始造成实际的损失时，就需要认真对待了。慢性或长期的拖延行为，常常暗示着潜在的心理和生理紊乱。

在我的个案咨询中，我见过六类原因导致的拖延行为。注意，我说的是拖延行为，而不是拖延症。

第一类，拿拖延当动力导致的拖延

这类人可以确保自己在截止日期前完成任务，并且在最后的"赶工期"，工作效率是非常高的。人在压力下，身体释放肾上腺素，你会感觉精力更充沛，注意力更集中，工作效率自然更高。有了几次这样的体验，慢慢地你会依赖这种感觉，养成"开始不着急、最后才冲刺"的习惯。比如我之前的室友，3500

字的论文必定是最后3天才搞定。或许她已经早早地在电脑里命名了文档，但一定要拖到最后3天再集中火力全部搞定。很有意思的是，她也试过早开始工作，然后慢悠悠地完成，但是跟她最后3天完成的作业相比，成绩上基本没差距。在我看来，她这算不上拖延症，首先，这并没有阻碍她完成任务；其次，她也没有太多的负罪感和恐慌，并且效率还不错。当然，你问她有压力吗？最后3天一定是有的，但是她把压力化作了动力，提高了产出。况且，她只是没有提早动手，但并不代表她没有提前动脑，其间她会时不时来和我讨论她论文的内容。

当然，如果你在这个过程中承受了过大的心理压力，你很可能会在最后的关键时刻崩盘，比如有些人越是有压力，越是忍不住去刷手机、打游戏。为什么呢？当压力超过限度的时候，你的大脑会对多巴胺（一种令人快乐的激素）更加渴望，于是，这种可以及时产生多巴胺的活动，比如刷手机、打游戏等，对你有格外强烈的诱惑力。回想一下，你在这种关键时刻浪费时间时是什么心态？会不会对自己失望、自责甚至自暴自弃？所以说，拿拖延当动力有风险，依赖需谨慎。一定要衡量自己的压力承受度，如果有崩盘风险，建议还是改一改这个习惯。

第二类，信奉完美主义导致的拖延

这类人对自己的要求很高，想要做到尽善尽美，在没有达到他们心里预期的那个完美标准之前，他们是不会开始工作的。

他们经常在细节上纠结很久，然而这些细节可能对整体结果来讲，根本没那么重要。这类人可能最后真的会完不成预期目标，还伴随很多负面情绪，比如焦虑、自责。记得有一年我负责承办公司的年会，要采购几百人的礼品，这在繁忙的年底，本身就是一件很有压力的事情。我让助理去找供应商要报价做礼品备选。过了 3 天，我问她进展，她问我："Luna，××× 这家的杯子你喜欢哪个颜色？保温杯还是定制马克杯？"我当时就蒙了，我问："你不会还在看图片，没有问报价吧？"她尴尬地笑了笑。临近年底，不问价格，不问供应商库存，一个杯子颜色纠结了 3 天？这就是明显的太关注细节，抓不住重点。对于这类拖延，首先要改变认知：**第一，抓重点，只有先完成工作，才有可能做到尽善尽美；第二，所谓的完美只是你头脑中的标准。**放下对完美的执着，放下"一次就可以达到完美"的念头，先开始行动，然后不断修正计划才是正解。

第三类，畏难情绪导致的拖延

很多事情我们第一次做，你可能担心不会做，然后产生畏难情绪。这种情绪让你不由自主地逃避和拖延。之前在澳洲工作时，我老板让我负责一个斯里兰卡房屋销售合同的起草，我瞬间就犯了难，我从没做过类似的事情，而且在完全陌生的国家，完全不懂当地的法律法规，怎么做？好在，拖了几个小时后，我就识别出自己被困在了畏难情绪里。然后，我开始思考，基于现状我可以做什么，我可以求助谁？

我列出了 5 条行动计划和工作流程：

1. 我可以找一个别的相近国家的房屋租售合同做参考。

2. 我可以假扮客人，去找当地大开发商的楼盘项目，参考他们的合同。

3. 找律师。合同最后肯定是有律师在场的情况下签署才生效，所以我可以找一个当地做房屋销售或者建筑的律师事务所。

4. 确定条款里面的细节，比如押金、付款方式等。

5. 翻译校对。

这是一个怎样的思考过程呢？就是把事情拆分。面对一个**大项目或者一件从未做过的事情，有畏难情绪是难免的，但是一旦你将它拆解成小步骤，大部分步骤就在你的掌控范围内了。**

那么问题来了，具体怎么拆解？我自己的思考步骤是：

1. 谁做过这件事或类似的事，我可以参考和借力哪类公司、哪个岗位的人？

2. 我去哪里找到这个人？如果有直接的资源，比如朋友，可以直接求助。如果没有，则通过知乎、在行、领英等社交平台去找。总结下来，基本是“朋友”“付费资源”“社交平台”三种渠道。

此外，你要去收集足够的资料，当你手里掌控的信息越多，你就越会拆解，你的畏难情绪就越少。

当我们面对很多未知的时候，有畏难情绪是难免的，通过他人的帮助以及信息的搜索查找，你对这件事的信息掌握逐步增加，然后就可以把事情拆解成比较小的便于执行的步骤，此时再行动也就没那么困难了。

还有一类人拖延，不是因为“不会做”，而是因为“嫌麻烦”“嫌困难”，毕竟人都是趋乐避苦的。解决方法也是拆解，把大任务拆解成小任务，从最简单的做起，完成一个小任务的成就感会给你动力完成更多小任务，然后一个大任务也就完成了。

第四类，内心认为其不重要导致的拖延

有些事情你一直拖着不去做，不是拖延症，可能只是你认为它不重要。其实我本人就有这类拖延行为：我有一黑一白两只猫，每年都要打疫苗。黑色的应该去年 6 月打，白色的是去年 11 月，恰好遇上澳洲的疫情反反复复暴发，两只猫的疫苗被我生生拖延到今年的 2 月才去打。因为我的猫都养在室内，我觉得晚一点打疫苗影响不大，所以这件事在我的潜意识★里被默认为“不重要”，它的优先级就一直往后排。又如，去年我的车被剐蹭，拖了半年才去补漆，因为我觉得这并不太影响我出门，直到那天路过 4S 店才预约了一下。这类情况，我不认为是真的拖延症，它们只是在你的认知里不重要，没必要给自己增加压力。

心理学知识小卡片

★ 潜意识

潜意识最早由心理学家西格蒙德·弗洛伊德（Sigmund Freud）提出。所谓潜意识，是指意识中人们不能认知或没有认知到的部分，是“已经发生但并未达到意识状态的心理活动过程”。潜意识是冰山在水面之下的部分，它每天操纵着我们的生活，而我们却浑然不知。当我们扩大了觉知范围，让水面之下的部分浮出水面，那么就改变了无知无觉被操纵的模式，有机会去做出选择和改变，实现真正的成长。举个例子，如果有人潜意识里认为“时间是不能‘浪费’的，否则就会落后于人”，那么他很可能经常感到焦虑，每天匆匆忙忙不敢停下来，出去玩乐还会自责。但是当他觉知到自己的潜意识，并且认为“时间是可以用来‘浪费’在美好的事物上的”，那么他就能更心安理得地享受。当我们看见并改变了那些不再适合我们发展的潜意识，成长就开始了。

第五类，“心脑不合”导致的拖延

有些事你认为重要，比如运动、读书、陪伴家人、社交，但是你又一直拖着不去做，给出的理由是“工作太忙没时间”等，或许你可以思考你的潜意识是否真的认为它们重要？你潜意识里是如何排列优先级的？我也称这种为心脑不合导致的拖延，即你头脑中（理智）以为这件事很重要，其实内心（情感）并不认为重要，甚至是抵触的。比如，你认为与某个人建立友好社交关系是有好处的，但内心却对他很不屑，你就会拖着不去跟他打招呼。又如，老板让你写一份你不认可的方案，虽然你头脑中知道一定要写，但行动上却一直拖延，来表达情感上的不满。

当你的头脑和内心不统一时，似乎有两股力量在对抗和拉扯，这会让你失去行动力。应该怎么做呢？要不断倾听内心的声音，减少两者的对抗。当两者统一时，你的行动力自然而然就有了。

第六类，精力不足导致的拖延

本来你晚上计划要上课，但是回到家，只想躺在沙发上刷手机。平时总说没时间，这不是有时间了吗？根本原因是你的身体“电量”不足，只够维持刷手机这种低能耗的活动，无力支撑需要头脑高速运转的课程学习。表面现象是拖延、不自律，深层原因是精力不够。解决的办法当然是做好精力管理，可以从运动、饮食、睡眠、呼吸等比较基础的方面做起，逐步提升精力。

对于拖延这一行为，我希望大家不要将其夸大，其实我们每个人都会有拖延，首先从心理上接纳它，不要造成无意义的情绪内耗。此外，我列举了六类拖延行为背后的原因，以及对应的改善方式。希望你可以看见自己拖延的根源，找到对策，搬走这块时间投资路上的“绊脚石”。

六类拖延行为	
原　因	对　策
拿拖延当动力	可适当利用，但注意压力承受力，不要过分依赖
信奉完美主义	抓重点，先完成工作，再使其完美
畏难情绪	大项目拆成小项目
内心认为其不重要	接纳即可
“心脑不合”	自我觉察，倾听内心声音，减少“心”与“脑”的对抗
精力不足	做好精力管理

利用成瘾机制做大脑的主人

在我看来，世界上有两类人，一类人掌控大脑，另一类人被大脑掌控。举个例子，一到年底，大家都忙着设置年目标，或者在朋友圈立下宏愿。这个愿望具体可以维持多久呢？取决于你是否有能力指挥你的大脑。能够掌控大脑的人，知晓大脑的喜好和规律，并顺应规律去驾驭大脑。

在时间投资这件事情上，很多时候我们会失败，或者说无法按计划完成，都是你的成瘾（Addiction）★行为在作怪。比如，我的学员跟我说，最近看了某个电视剧，然后迷上了“磕 CP”，一发不可收拾，白天有点空闲时间就来刷手机，晚上也要熬到

12 点多。当然还有许多常见的“杀时间”（kill time）的成瘾行为，比如沉迷打游戏、刷短视频等。

心理学知识小卡片

★ 成瘾

成瘾是指一种重复性的强迫行为，即使这些行为在已知可能造成不良后果的情形下，仍然被持续重复。成瘾可分为物质成瘾和行为成瘾。物质成瘾有烟瘾、奶茶瘾等，行为成瘾有网瘾、赌瘾等。

当你被成瘾控制的时候，你知道自己在浪费时间，却控制不了自己的行为。怎么办呢？想要解决这个问题，首先需要研究成瘾系统，了解并利用成瘾机制，成为大脑的主人。那到底什么是成瘾，我们又是如何陷入成瘾系统的呢？

成瘾如何形成？

简单点说，成瘾就是**刺激与奖赏机制（也可能是逃避痛苦）的联结**。什么意思？当我们被一些行为或者物质刺激，身体会产生让我们感到愉悦的神经递质和激素，比如大家最熟悉的多巴胺。这种兴奋、愉悦、满足的感觉就是一种奖赏，让我们逐渐对其依赖。比如，你为什么会对电视剧上瘾呢？因为你会把自己带入到角色中，跟着剧情一起体验恋爱的甜蜜、冒险的刺激……你的体内会产生多巴胺等激素，这些激素让你产生愉悦情绪，你很容易就沉迷其间。你看电视剧的时间越长，对这种愉悦感的沉迷越强烈。

成瘾的形成跟联结重复的次数有非常大的关系。重复的次数越多，联结就越牢固，成瘾强度就越大。比如你某天晚饭后看了 10 分钟电视剧，你第二天不会有那么强烈的欲望继续看。但如果你第二天、第三天……每天都看电视剧，那么，以后你只要一吃完晚饭，大脑就会自动联想到刷剧时的愉悦情感，然后就产生了拿起平板电脑再看一集的欲望。

因此，成瘾的形成需要及时强化和反馈奖励这两个重要条件。

那么，如果想戒断成瘾呢？就要减少刺激以免强化或者弱化反馈。

其实这里还隐藏着很重要的一点，**成瘾的形成需要及时强化 + 反馈奖励**。那么，如果想戒断成瘾呢？就要减少刺激，或者改变奖赏。

如何戒断成瘾行为？

我以前有一点奶茶成瘾，这个成瘾没有严重到每天都要喝的程度，但是我健身结束时如果有一杯奶茶，就会觉得幸福感爆棚，否则就觉得少了点什么。这个期望驱动我去重复消费。我意识到已经形成了敏化反应（Sensitization）★，好在我是很警觉的，感知到不能再继续下去了。

心理学知识小卡片

★ 敏化反应

敏化反应指大脑对成瘾的信息更加敏感，随着刺激的重复，反应越来越剧烈，注意力更容易被上瘾物质吸引。除了被重复的刺激本身外，敏化反应常常使得一整类的刺激都会产生更激烈的反应。

我是怎么做的呢？第一是**减少刺激**。我的这个“刺激”，是我健身结束后，顺路去华人区买菜时会路过的奶茶店。每路过一次，就加强一次这个反应链，即便我用理智来压抑这个自动反应，也会很难受。所以，我就自动改变了行动路径，健身之前去买菜，健身之后直接回家。没有环境刺激，这个反应链就逐渐弱化了。

除了改变刺激环境，也可以**建立新的奖赏回路**。我之所以喜欢奶茶，是因为奶茶的甜味给了我愉悦感，这是一种非常及时的奖赏。我可以用一个新的奖赏替代奶茶，比如我会回家泡一个舒舒服服的澡，顺便给自己点上葡萄柚的精油香薰，用嗅觉的甜去替代味蕾的甜。

总结一下，我为了断掉奶茶瘾，**首先，减少了刺激发生的场景，**也就减少了引起想象的次数，减少了情感连接被触发的次数。如果不及时停止触发，喝的次数越多，那么这条神经链反应就会越来越强，戒断过程就会越来越难。所以，对于没有外界辅助的戒断成瘾系统来说，减少刺激发生的频率就是很大的进步了。**再者，我采用了“替换”的方式，**用了嗅觉的愉悦来**建立新的愉悦连接，**而不是加固成瘾。

同样地，如果你有电子设备成瘾怎么办呢？想象一个场景，你晚上吃完饭准备上一节网课，但上课之前想先刷手机休息一会儿，结果一开始就停不下来了，不仅课没来得及听，还熬到后半夜。很多手机应用的推送都是根据你的兴趣爱好来的，背后是一套大数据算法，目的是让你停不下来；电视剧的剧情和剪辑也让你难以控制自己。他们的目的就是要收割你的时间和注意力。你的时间和注意力，就是他们赚取人民币的来源。你靠自己的意志力跟他们专业团队斗争？太难了！**我们能做的就是让自己减少甚至直接远离这个刺激。**否则一旦拿起手机，就很难放下了。所以晚饭后要休息的时候，不要习惯性地拿起手机，可以试着散散步、听音乐、浇花等。

如何利用成瘾系统，养成好的成瘾习惯？

我们可以利用成瘾机制，戒断负向的成瘾机制，同理也可以利用成瘾机制养成好的习惯。还是一样的原理：**多次重复 + 及时奖赏**。比如你想养成做计划的习惯，那么，你就坚持从一次次小的计划开始，并且体验计划完成的愉悦感和成就感。慢慢地，你会对做计划越来越上瘾。又比如养成运动习惯，刚开始不一定要一次运动 1 个小时，可能真的像《微习惯》的作者写的一样，从每天1个俯卧撑做起。为什么要从1个俯卧撑开始呢？因为运动的奖赏是要积累才能得到的，并不像吃糖来得那么快。但是运动的阻力又很大，大部分人等不到奖励到来就已经放弃了。那就从1个俯卧撑做起，先让大脑认为这件事情没有那么难，减少情绪阻力，等真正坚持一段时间后，你会得到神经递质和多种激素的愉悦奖励，运动习惯就建立了。

当你掌握了大脑的成瘾机制，并有意识地去利用这些机制，你就如同拥有了一套掌控大脑的秘籍，在时间的投资上，你就掌握了主动权，进而获得了对人生的掌控权。

抚平时间焦虑，做到忙而不乱

这个时代，人们热衷于讨论“996”和“内卷”，大家似乎都很忙，但是大家忙的状态并不一样。我在学员中见过不少案例，总结下来，忙的状态无外乎两种。

第一类，对应的是焦虑的心态。其实，也不见得他真有多少事情忙不过来，只是事情一旦超出了自己的心理承受能力，就开始焦虑，这种焦虑反过来又影响了工作效率。我有一个学员，只要一有压力，就开始焦虑，然后习惯性地刷手机，等刷一阵子，觉得自己浪费了时间，就更自责，更焦虑，更没办法静下心来工作。可见，这就是一个恶性循环，经常最后弄到情绪崩溃，到截止日期时，不得不把重要的事情草草了事。而对于重要不紧急的事情，如果没有人监督，他基本就放弃了。

第二类，越忙越有战斗力。这类人在职场中大部分都能取得不错的成绩。其实，他们对时间也有焦虑，只是在焦虑刺激肾上腺素分泌的同时，这类人选择战斗，而不是战或逃反应（Fight-or-flight Response）★中的“逃”。

心理学知识小卡片

★ 战或逃反应

战或逃反应是指当人的情绪在极度状况（如惊吓）下，交感神经系统集体活化起来，所释放出的去甲肾上腺素与肾上腺素会造成全身内脏器官的大量活动。这种因为交感神经系统的集体活动所产生的全身性反应称为“战或逃反应”。

你问我，要不要释放掉对时间的焦虑呢？这也要看个人情况，对这类人来讲，适当程度的焦虑情绪是有好处的，是提高生产力的兴奋剂[①]。有些人担心焦虑情绪（或者压力）会对身体产生影响。其实，焦虑是否影响健康，跟你对它的看法有关。

---

① 焦虑与工作效率的关系：根据耶克斯－多德森定律（Yerkes-Dodson Law），个体智力活动的效率与其相应的焦虑水平之间存在一定的函数关系，表现为一种倒“U”形曲线，即随着焦虑水平的增加，个体积极性、主动性以及克服困难的意志力也会随之增强，这时焦虑水平对效率可以起到促进作用。当焦虑水平为中等时，能力发挥的效率最高；而当焦虑水平超过了一定限度时，过强的焦虑对学习和能力的发挥又会产生阻碍作用。

如果你觉得焦虑是你工作效率的催化剂，就不会影响你的身体健康。①

其实还有第三类，是最高级的“忙”，即我的女神、时间管理专家劳拉·范德康（Laura Vandekam）所说的“悠游”——感受当下，不必割舍过去和未来，用值得的时间做重要的事。②我理解的“悠游”就是做时间的主人，对时间拥有游刃有余的掌控力。其实这类人不一定已经获得真实的时间和财务自由，反而，他们往往比别人有更多重要的事情要做。只是，他们气定神闲，不会有忙乱之姿。他们能在外在事情节奏很快的情况下，依然按照自己的内在节奏，有条不紊地安排处理好所有事情。这才是忙的最高境界：在心理上轻视工作，在行动上重视工作。

对于这三类人，有哪些行动建议呢？

对于第一类引起逃离反应的“忙”，我的建议是务实一些。当你看到自己有了“逃跑”的念头以后，用理智把自己拉回来，不要被自己的潜意识控制，主动选择做重要的事情。然后，你可以配合一些方法和技巧。你之所以会焦虑、畏难、逃避，是因为你把任务想得过于宏大和困难，一想到自己的时间和能力，

---

① 关于压力/焦虑与身体健康的关系，可参考凯利·麦格尼格尔（Kelly Mc Gonigal）的TED演讲《如何与压力做朋友》：https://www.ted.com/talks/kelly_mcgonigal_how_to_make_stress_your_friend/transcript?language=zh-cn#t-845370。

② 出自书籍《要忙，就忙得有意义》，中国台湾，采实文化2019年版。

就容易崩溃。那应该怎么做呢？你可以暂停大脑的思考和斗争，只要求自己先做5分钟，一般你坚持做完5分钟工作，后续坚持下去也就容易了，就像你要拉动一辆车，在最开始是最费力的，但是只要车轮滚动起来，后面就会轻松一些。又或者，你把一个巨大的任务分解为多个小任务，先从最简单的任务开始做起，当你完成一个小任务，有了成就感，积极性就上来了，之后再逐渐过渡到复杂的任务上。

其实这里有一个条件，是你的“理智”还能战胜“情绪”。有时候，你可能发现自己已经焦虑到没办法工作，或者已经严重影响了效率，这时候不妨先减压，先处理心情再做事。比如做一些呼吸训练。美国医生创立的4–7–8呼吸法，即用鼻子吸气4秒，屏气7秒，然后用口呼气8秒。这种呼吸方式，最早是为了帮助人们更好地入睡。因为它可以刺激副交感神经，放松紧张的神经系统，因此这个方法同样适用于降低焦虑情绪。

此外，可以在日常生活中坚持锻炼身体，用冥想等方式给大脑做个“按摩”，增强对焦虑的免疫力。当然，也要学习不断提升自己的业务能力，提高抗压力。

对于第二类有战斗力的“忙”，我认为你可以适当利用这种情绪催化剂，但是也要记得不要长时间地超负荷运转。同时注意是否有情绪代偿，当觉察到一些信号时，学会主动按暂停键。我就经历过这样的阶段。出国前，为准备托福和GRE考试，我每天的睡眠时间只有4—5小时，即使周末给自己一个补觉的机会，最多也就 8 个小时。每天的生活被工作和学习所占据，虽然看似工作完成得不错，学习效率也很高，但其实是由情绪代偿的。在同事面前还好，但是回到家，在最亲近的人面前，尤其是面对我的妈妈，我就变成了“小钢炮”，脾气一点就着。比如在周末补觉时，妈妈不小心把我吵醒了，我分分钟就会爆炸。

所以，我想给这种类型的伙伴一个建议，在利用激素进行“脑嗨式”前进的同时，记得注意你自己的身体状况是否真的匹配得了你现在的战斗节奏？必要的时候停下来休息，毕竟身体是我们每个人心灵一辈子的家，家好才能心安。

对于第三类有掌控力的“忙”，这是我认为的比较高的境界。普通人怎样可以达到这个境界呢？当然，不否认有些牛人天生气定神闲，极其自信。但我认为大多数人的境界是后天修炼的，包括我自己。

首先我们思考一下，掌控力来源于什么？我自己总结了三点，分别是**确定性、可获性和自信心。**

确定性来自哪里？首先你要对自己做的事所需要的时长有一个基本的认知。而这些都是经年累月的记录得来的。我自己坚持每天记录和分析时间有近 3 年时间，做计划有十几年时间。我对自己多长时间能做多少事，可以说是了如指掌。有一些学员说记录时间太麻烦了，我只能说，如果你想拥有“确定感”，这步必不可少。

可获性来自哪里？这需要长时间的学习和自我提升，当你的能力和当前环境对你的诉求基本匹配，你就有了一定的可获性。举个例子，下周你需要做一场演讲，假设你已经提前训练过，具备一定的演讲能力，那么此时你会感到游刃有余，如果临时抱佛脚，则大概率会手忙脚乱、焦虑烦躁。其实，自我培养也是一种布局，需要你站在战略高度，提前规划时间和资源，把自己培养成你期待的样子。

自信心来自哪里？我的自信心不是天生的，以前一点芝麻大的事情，我都会着急上火，期末考试之前一定会长口疮或者痘痘。我爸常说："心小了事儿就大了"，我深以为然。那么我是如何把心变大的呢？**靠不断地突破自己的舒适区，去学习，去持续做那些我以为我不擅长的事情。**比如写书，我以前从没有写过，但是我依然相信自己可以做好，因为我可以读书、上课，然后自己反复下苦功夫，再不行我还可以找个私教。当我带着好奇和成长的心态去面对生活，一次次地行动和突破，自然而然地，心就大了，自信心就有了。如果你觉得自己"心太小"，那不妨从每次突破一个小小的舒适区开始，每次一小步，积累起来就是一大步。

所以，如何摆脱焦虑、有掌控力地"忙"？一是日积月累地记录和分析；二是不断学习、拓展能力边界，让你的能力配得上你的诉求；三是不断突破舒适区，提升心力，增强抗压力。忙或者不忙不是最关键的，忙而不乱才是我们要修炼的境界。

找回时间投资高手的核心素质——理性

在我的精力管理课上有一个年纪轻轻的美女，是一个香港对冲基金的创始人。刚开课不久，我就发现了她有一个非常令我佩服的特点：非常理性。即便是在2020年美股连续发生史诗级暴跌的时候，她也没有失去理智着急抛售，而是慢慢地开始建仓布局。当然了，并不是说她没有情绪波动，但是她可以在情绪下工作，并保证情绪不会影响她的专业判断。对比我自己的操盘，我发现自己一般都可以按照逻辑在合适的点买入，但是卖出的时间点就不太稳定，尤其是很多时候晚上美股开盘，我又困又累的，刚盈利一点，一烦躁就直接卖掉。意识到这个问题，我开始监控自己的卖点，之后投资回报率立刻有了将近10个百分点的提升，这让我再次体会到保持理性有多么重要。理性是支持你在投资操盘时，让你的技法在市场中拿到利润的核心心法。**很多人投资亏损，并不是自己的操盘模型不盈利，而是因为其过度情绪化，市场稍有波动，就已经慌了，频繁操作失误。**其实时间投资也是一样，很多人也有很好的人生愿景和目标，但在执行的时候遇到点儿情绪就放弃了，遇到点儿计划外就崩溃了……

什么是理性?

丹尼尔·卡尼曼（Daniel Kahneman）在《思考，快与慢》一书中提出，人的大脑有两个思考系统：系统 1——有偏差的快思考和系统 2——理性的慢思考。**系统 1 是无意识且快速的“第一印象”，是直觉反应，它最大的特点是迅速，**通过关联记忆和模糊匹配，快速创建一个连贯的、似乎合理的故事来解释正在发生的事情，但问题是**容易造成偏差。**换句话说，系统 1 把生活中的很多事情都变成可一键执行的自动程序，节省我们日常生活中的脑力损耗。比如，每天回家的路线你走过了千百遍，即使你哪天一边走路一边打着电话，也不会走错路，这就是系统 1 在工作。

系统 2 负责进行理性的反思、选择、分析和解决问题。系统 1 处理不了的问题，就需要系统 2 来处理，比如当你走在一条完全陌生的路上，此时就需要留一些心思来分析路线，防止走错。如果说系统 1 是一键执行的自动导航系统，那么系统 2 就类似于一个高端的分析仪，能结合整张地图和复杂的算法，计算出最优路线。

什么是理性呢？就是我们遇到事情时，不会简单地只动用“一键式自动反应”系统 1，而是能够反应稍“慢”一点，动用更准确的系统 2。然而，**我们常认为自己是理性的，以为大部分时间花在系统 2 的思考上，实际上几乎所有日常决策都是在用系统 1。**

理商，比高智商更重要

我以前招员工喜欢找智商高的，因为我觉得这样的人做事效率高，沟通起来轻松。但后来我发现，不是这么回事，理性好像比智商更重要。我是怎么发现的呢？还要感谢我的小助理。她是个智商非常高的姑娘，在门萨会员[①]中也是智商中上的水平。但是，跟她共事一段时间后，我发现她没有我想象中聪明，甚至经常犯一些特别低级的错误，这让我很困惑。后来我了解到三重心智模型[②]，才算解开了这个困惑。

三重心智模型是什么？它包括自主心智、算法心智和反省心智。自主心智相当于系统 1，它就像我们的潜意识，是一种习惯性的反应，是不经过大脑认真思考的条件反射。算法心智和反省心智属于系统 2。算法心智就是我们平时说的智商，一个人智商越高，他头脑的计算、推理、分析的速度就越快。反省心智是对人类心智过程进行整体监控、帮助执行决策和判断的心智加工过程。简单来说，它就像是你身后的一个摄影机，从第三者角度观察你的一举一动，时刻给你反馈，帮助你在前进的路上不偏航。有个经典的比喻：算法心智决定了一辆车运行的速度，但车开的方向对不对，则需要反省心智来做监测。斯坦诺维奇教授称反省心智是理性的核心。他还提出一个词，叫“理商”，也就是一个人理性的程度。

---

① 门萨是世界顶级智商俱乐部的名称，进入之前有很高门槛的智商测试。

② 可参见基思·斯坦诺维奇（Keith E. Stanovich）著：《超越智商》，北京，机械工业出版社 2015 年版。

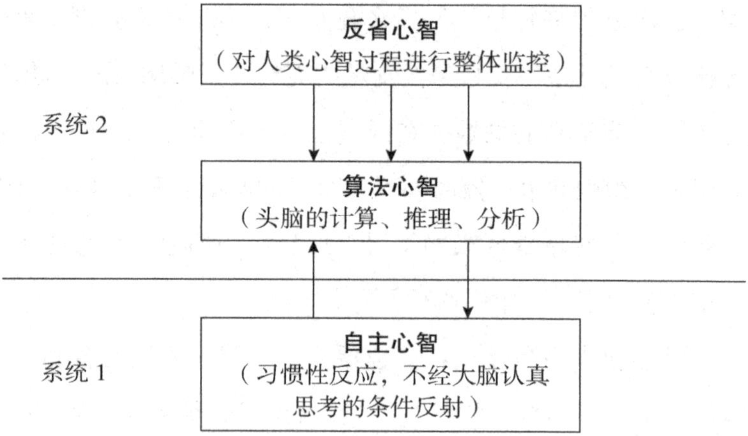

我的小助理为什么会聪明人办傻事呢？答案也显而易见。传统的智商测试，测试的都是系统 2 里面的算法心智，也就是说，我的小助手虽然跑得快，但是跑的方向对不对就不一定了，那还得看反省心智有没有发挥作用。又或者，她可能大脑接收到指令，只调用了系统 1 的自主心智就忙着去执行了，连算法心智都没来得及开启，那么系统 2 里的聪明才智根本没有用武之地！同样地，有些人会苦恼，为什么自己学习了很多知识，但关键时刻总是心里清楚手上却做不到呢？这也是因为系统 2 的知识根本没来得及被调用。

人们为何容易情绪化？

人为什么容易被情绪操控呢？这是因为某件事直接触发了大脑系统 1 的自主心智系统。你根本没来得及调用系统 2 来分析，就直接做出不那么“聪明”的决策。我有一个学员，有一次哭着给我打电话，她说老板当着同事的面说了她几句，她觉得委屈、丢人，一气之下当场和老板提了辞职。之后后悔了，不知道怎么办。其实她刚大学毕业，进了一家很不错的互联网公司，机会和薪水都不错。她当时做出辞职的决策，就是纯靠系统 1 工作，后来冷静下来，用系统 2 分析利弊时才开始后悔。

那么，如何才能减少系统 1 的冲动决策，让系统 2 更多地参与到决策中呢？**这就需要我们慢下来，给系统 2 的启动留有足够的时间，**让你的算法心智帮你分析利弊，让你的反省心智监督你不要做出冲动决策。**当你越多地使用系统 2，你就会变得越理性。**理性系统工作越多，我们因为情绪造成的错误的时间投资也会越少。

如何提升理性水平？

如何才能让自己变得更理性呢？我自己经历了这样五个阶段。

阶段一：觉察自己的一键自动执行模式（即自主心智），留意我在这种模式下说出的话、做出的决策等。

阶段二：学会用呼吸的方式给情绪按暂停键，不再让语言不假思索、脱口而出。这是一个漫长的过程，很多时候我还是会嘴比脑子快，但是这个频率会越来越低。

阶段三：开始用系统 2（即慢思考系统）做决定。刚开始的时候，我做决定需要的时间很长，光是压抑住冲动和情绪就需要很久。我能做到的就是不在当时说话，静置一段时间才回复，后来所需要的时间越来越短。

阶段四：我开始可以控制自己的一些冲动，去做一些或许暂时看不到正反馈但是更有价值和意义的事情。比如我可以克制自己健身之后不去喝奶茶、坚持读书、坚持运动等。

阶段五：是我正在学习的：亚里士多德提到的认识事物的本质的能力，目前我还有很多方面做不到，因此不做过多分享，有兴趣的读者可以去看《形而上学》或者搜索古希腊哲学流派对理性的思想观点。

如何才能从低级向高级晋级呢？其实就是靠情绪觉察日记和每日反思复盘。这并非一朝一夕之事，但只要从现在开始持续去做，必定会在理性的道路上得到提升。如此，你才能在时间投资上减少情绪化导致的失误。

Part 2
时间投资技法

第四步
遵守时间投资的原则

桥水基金创始人瑞·达利欧（Ray Dalio）总结一辈子的投资智慧，写成一本《原则》，他说："不管我一生取得了多大的成功，其主要原因都不是我知道多少事情，而是我知道在无知的情况下自己应该怎么做，我一生中学到的最重要的东西是一种以原则为基础的生活方式，是它帮助我发现真相是什么，并据此如何行动。"巴菲特也有很多重要的投资原则，比如其中最出名的一条："第一永远不要亏钱，第二永远不要忘记第一个原则。"在《时间的玫瑰：但斌投资札记》一书中，但斌老师感慨道："巴菲特之所以伟大，不在于他在75岁的时候拥有了450亿美元的财富，而在于他年轻的时候想明白了许多事情，然后用了一生的岁月来坚守。"一个合格的投资人，首先一定有一套自己的原则和投资底层逻辑。如果你想在时间资产的投资中获得成功，那么一套时间投资原则也是必不可少的。时间投资的第四步，是掌握一套时间投资原则，这套原则犹如一套投资宝典，让你在时间投资场上立得稳，行得远。

原则 1：资产配置多元化

在投资领域大家常听到一句话，“不要把鸡蛋放在一个篮子里”。这其实说的是资产配置要多元化组合，简单来讲，就是将金钱放在不同的资产品类里面。那么时间投资呢，可以放在一个篮子里吗？

我出生在北京，成长在北京，大学毕业后进了外企。说实话，这一路走来，我从没觉得自己跟别人有什么不同，身边的人基本只有“努力”和“更努力”的区别。到了美国，我突然进入了一个花花世界，我睁着好奇的眼睛探索着这个新世界，而身边也总会发生一些令我眼前一亮的事情。

上课时，我前面经常坐着一个老爷爷，他在读书之余还有本职工作要做。他自我介绍的时候，兴奋地告诉我：“Luna，你知道吗，我已经 62 岁了，我准备用 3 年读完这个学位，那时候我 65 岁也可以退休了，这简直太棒了！这是我读的第三个研究生。”当时我很惊讶：“天哪，你都这么大年纪了，马上退休了，你学它干什么呢？以后又不会用到！”可是，我永远记得他跟我讲那些话时眼睛里闪烁的光。

如果说美国的这位老爷爷激发了我的一些好奇心，那么在澳洲的另一位医生就更让我吃惊了。由于车祸后我的整根脊椎都是错位的，所以我会每一两周去看一次正骨医生。我的医生有时会临时修改我们预约的时间，我好奇地问过一次，他说他去新西兰拍电影。我八卦的小马达立马开启，之后就经常找他聊天。原来他还兼职当演员，也许算不上正式演员，其实就是个“跑龙套”的，在一些武打戏里做替身，他确实也参加了一些我们耳熟能详的电影的拍摄，但你要特别“努力”才能找出他一个侧脸，更别提会有什么台词。虽然奔波劳碌，薪水也没多少，但他却乐此不疲。放着高大上的医生不当，非要去当个群众演员，还能这么兴奋。那时候的我，是真的不懂。

在澳洲住得久一点，我发现澳洲的整个生活节奏都是带着一些慵懒的。大家一到周末就拖着船去海边，或者什么都不做，就在海滩躺一天晒太阳，又或者惬意地带娃去公园溜达。这些都是不曾出现在我生命中的场景，我一直以来基本没有周六日的概念，从小就穿梭在各种补习班、提高班中，长大后又在加班中度过，我好像从来不曾停下来去感受这样的生活。我从美国老爷爷眼中读到了“幸福”，从澳洲医生眼中读到了“热情”，从这些慵懒地在海边躺一整天的澳洲人眼中读到了“悠闲”。那我的眼中是什么呢？我眼中有对目标的笃定和对未来的信心，但“幸福”“热情”“悠闲”这些词距我着实有点远。看看我的时间记录表，基本只有“学习”“工作”“成长”，吃饭、洗漱、化妆等看似无用、不产出结果的事情都被我压缩到极限，更别提在海边躺一天。我一直都是努力与时间赛跑的人，跟这个热闹、鲜活、充满生命力的花花世界格格不入。

后来我工作上遇到一些疑惑，去请教一稼老师，她给我介绍了一个工具——生命轮。

生命轮由著名的美国激励大师保罗·麦尔（Paul Meyer）提出，是一个广泛用于商业和个人激励领域尤其是教练领域的工具。生命轮中包括人一生中需要处理的三大类关系，每一类关系又分为不同的维度，覆盖了人一生中面对的最重要的命题。

社会关系类：事业发展、财富投资、社会交际。

亲密关系类：子女、父母、伴侣。

自我关系类：身心健康、自我成长、娱乐爱好。

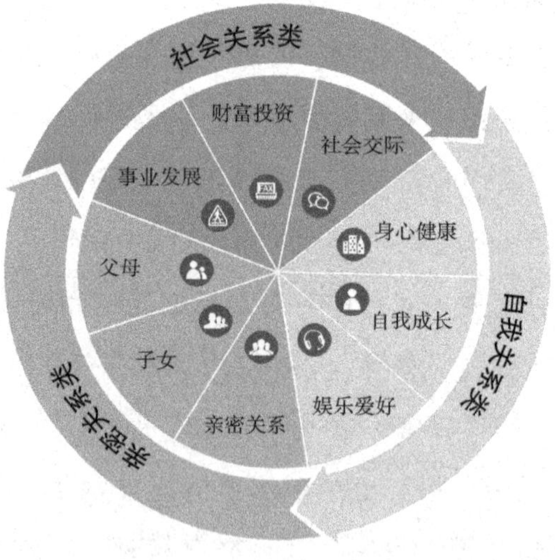

一稼老师让我给自己的生命轮打分，不出所料，我的生命

轮有点畸形，呃，其实是非常畸形，只有健康、工作、个人成长分数较高，其余的比如父母、亲密关系、兴趣爱好等，满意度分数都很一般，因为这些在我的生活中基本是空白。要说满意度，也不算特别低，毕竟从小就这样，习惯了。虽然妈妈对我有诸多不满，抱怨我没时间给她打电话，抱怨我聊天时只要一有工作电话进来就挂她电话，但我内心也没起什么波澜，毕竟经历过车祸的磨砺，和这些比起来都算不上什么。可是，我心里也明白，我这样的时间资产配置面临的风险很高，一旦某个投资产品（比如工作）出现问题，我面临的可能是整个生命轮的崩塌。我相当于把所有的鸡蛋都放在了一两个篮子里面，这个逻辑在投资领域可不算聪明。

从那以后，我开始有意识地在亲情、友情、休闲等方面配置更多时间资产。有一天跟我妈打电话的时候，她很开心，我也心情美美的，这在之前几乎不可能出现。我也学着去海边发发呆，手机关机，什么都不做。我发现这个时候我的脑袋反而更灵光了，好多灵感蹦出来，让我非常惊喜。我也试着跟老朋友打个电话彼此关心一下，每次挂掉电话心里都暖暖的。我好像被这些“无用的时间”滋养了，我的生命轮也没那么畸形了。

这一路的见识和感悟，让我深刻体会到，人生是多维度的，时间的投资组合就是生命的缩影。当我把自己的事情分为“有用”和“无用”两类，只把时间投资在那些帮我成长、能获得高回报率的产品上，我的生命变得只有黑白两色。说实话，当我在课堂上看到那位老爷爷一把年纪依然活力满满地读硕士，看到我的医生为了演员的小梦想不辞辛苦四处奔波，看到沙滩上人们悠然自得地晒太阳，我内心隐隐有些羡慕。这才是有滋有味、丰富多彩的人生啊！在投资市场，我们知道有债券、基金、股票、房产、黄金等各种产品，配置资产时要多元化组合，那么我们的生命呢？不只有事业、财富、健康，还有亲密关系、爱好……只有当我们多元化配置自己的时间资产，才能收获一个丰富而圆满的人生。

原则 2：优先做重要不紧急的事

提起时间管理领域的原则，大家都听过四象限法则。它是美国的管理学家史蒂芬·柯维（Stephen Covey）提出的一个时间管理理论，它把事情按重要和紧急程度划分为四类：重要紧急、重要不紧急、不重要紧急、不重要不紧急。

这个时间管理方法几乎尽人皆知，但是我发现，能用好它的人并不多。主要有两个原因，**一是很少有人认真想过四象限事件的定义和归类原则，即什么算是重要的事？哪些算紧急的事？二是即使明确划分了四类事件，依然无法按照最优顺序执行。**

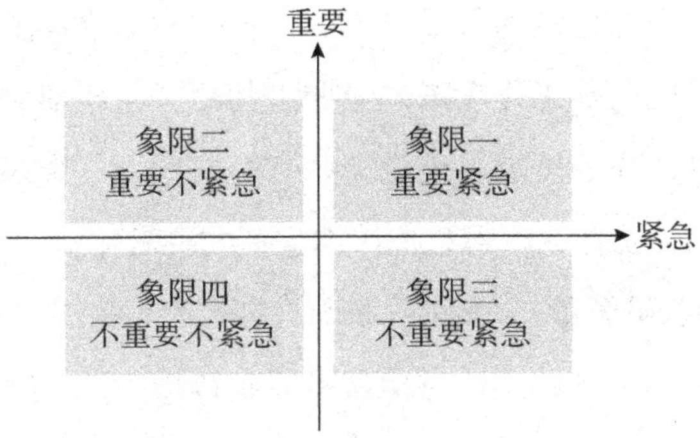

如何定义和归类四象限事件?

什么是“重要的事”？当然，在不同的领域以及不同的人眼里，对“重要”的判定标准不太相同。以职场为例，在我看来，职场中“重要的事”有两种判断标准。

第一种，是事情的本质很重要。什么意思呢？比如，在职场中，大部分人对升职加薪都会有一些期待。那么，你就要看每年升职考核的重点或者在整个团队都具有很高价值的事情是什么，以及对你个人成长最有益的事情是什么。当你梳理清楚这两件事，答案就出来了。

然而，当没有看清事情的全局和本质的时候，我们对“重要”的理解可能会和事实有差距。有些职场“小白”说：“我初入职场，真不知道我的工作中什么事情最重要。”我认为这件事情很简单：直接去和你的老板沟通，带着自己的思考，和老板对个答案。你可以让你的直属领导告诉你，他对你的岗位的理解和期待，以及他认为最重要的事。他拥有的格局更大、视野更高，并且他是你工作考核的重要人物之一，和他对答案总不会错。此外，你还可以去请教那些有答案的人，观察他取得成就的关键因素是什么，请教他认为重要的事是什么。（互联网时代，付费请教最简单、高效。互联网直接扩大了我们的社交半径，平时生活中遇不到的人，付费就可以直接成为他的学员，学到在身边人身上学不到的东西。）学会请教这一点特别重要，因为大方向错了，继续投资就是“傻”。无论是个人成长，还是时间、金钱，都是一样的道理。

比如我自己通过观察我的第一任老板，发现了时间和精力在工作以及个人成长中的重要性，于是认真研究与时间相处的艺术。李笑来老师很早就出过关于时间管理的书籍，猫叔的口头禅也是“时间就是我的命”。这些大咖早已看清时间的重要性，也早已享受到了时间的复利。

第二种，是来源于重要他人的事情。比如，一件事本不在你正常的工作职责范围内，但是由于这是某个重要领导（你工作中的“重要他人”）交给你办的，那么这件事情也就变得重要了。因为这件事是你在别人面前交的作业，是你自我展示的一部分。电影《穿普拉达的女王》中，女魔头米兰达要求秘书安德丽亚（女主角），给自己的孩子找最新版的《哈利·波特》书稿。本身“找书稿”这件事，对时尚行业的工作并没有太大影响，但这是展示自己解决问题能力的机会，因此也变得重要。

那什么是紧急的事？这似乎不需要太多解释，可还是要提醒一下，有些看似“紧急”的事不一定真的紧急，而有一些没有明确时间节点的事，反而需要早点完成。比如，你某个同事火急火燎地让你完成某项任务，其实，只是他心理上的着急，不代表这件事真的需要马上完成。又如，大老板请你帮忙，即使他没告诉你具体时间节点，但因为老板很重要，你也可以把这件事排到紧急日程里。又比如在团队合作中，如果涉及项目的协同合作，我都会站在团队的角度，把自己负责的部分优先完成，而不是只考虑自己的时间和精力。

定义了“重要”和“紧急”，那如何安排做事顺序呢？其中，**“重要”决定的是我分配时间精力的原则**，也就是说，我会把重要的事情安排在我精力最好的时段，**然后考虑事情的“紧急”程度，综合两个维度进行排序**。举个例子，我一大清早发现家里的猫拉肚子，需要去医院，但是我还有一章书稿要完成。此刻，我要衡量是先完成书稿还是先带猫去医院。我看到猫的状态不算太差，并且一大早去医院，路上会堵车，不一定能马上见到医生。我从医院回来再去写书稿，精力肯定不如清早，效率必会打折扣。所以我决定先在早上精力最好的时候完成书稿，然后上午带猫去看医生，这就是我综合衡量的结果。

时间投资原则：优先做重要不紧急的事

先做重要紧急的事情，这是很多人的误区之一，巴菲特说过每天最重要的事情就是学习，学习对他来说，就是重要不紧急的事情。艾森豪威尔（Eisenhower）曾经说，最紧张的决策通常都不是最重要的。背后的意思就是，**你要看到对你的工作、生活有战略性影响的事情，而这些事情往往都是重要不紧急的。**这也是时间投资原则中最重要的原则之一。

然而，还是有学员问我，我也明白做重要不紧急的事情的重要性，可是，当我被紧急事件追着走的时候，我不得不优先做紧急的事。我已经被困在这个旋涡里，如何才能一步步调整过来呢？

这是很多人的困境，他们已经习惯被事情推着走。尤其是一到公司，邮件、电话扑面而来，自然而然就会按部就班做这些看似着急的事情。我刚开始工作的时候也是这样。我出差回来，发现上百封未读邮件，然后就很崩溃地开始处理。后来我看到了老板的邮箱，天哪，有1500多封未读邮件！可是，我发现他早上刚到公司，还是会很淡定地做他的6S（质量管理体系的项目），而不是着急处理邮件。我相信不同的行为会产生不同的结果，于是开始观察和模仿我老板。我们公司的同事都早上9点才开始工作。但是我老板7点30分之前就会到办公室，他是用这段时间来做重要不紧急的事情。他给重要不紧急的事情安排了一段雷打不动的、不会被打扰的时间。这大概也是很多人早起的原因吧。

于是我也模仿老板早到办公室，为了节省交通费和时间，我比老板到得更早。刚开始的确比较辛苦，但是一段时间之后，我就发现我做的这些重要不紧急的事情有了点结果，能感觉到重要紧急的事情明显在变少。

当你看到做重要不紧急的事情的红利和好处，你就知道这么做是对的。做有结果的事情，你会更容易坚持。再后来，我依然会早到单位，但是这个时候，我已经不去做工作上的重要不紧急的事情了，而是有余力做个人成长类的重要不紧急的事情，比如说学习英文或者读书。

所以，对于职场“小白”或紧急事情特别多的人来说，**你需要给你的“重要不紧急事情”安排一个不被打扰的精力好的钻石时间（大多数时候是早上），然后认真坚持下去。**经过一段时间的积累（当然，时长是因人而异的），有了结果，你会明白这个象限事情的重要性。再加上，当你的时间掌控能力强了之后，你会明白，时间不会不够，只是看你选择在这段时间做什么，即便有很多重要又紧急的事情催着你，你还是可以选择先做重要不紧急的事情。比如现在，早上起来的时候手机未读私信就有 50 多条，我依然在淡定地写书。到了这个阶段，需要的是心力支撑，而刚开始，你要先学会坚持，从一段时间和一点小事开始，慢慢形成一个正循环。

生命轮中的重要不紧急

我经常看到，大家在工作中还能想到应用四象限法则，优先处理重要不紧急的事儿，但是在其他领域，就完全忽视这些事。其实，我们生命轮中的各个命题都有重要不紧急的事情，当你能够把它们定义出来，并坚持去做，**就像你长期定投一样，随着时间推移，你的收益会呈指数级增加，你的幸福会来得事半功倍。**

投资学知识小卡片

★ 长期定投的收益

如果坚持每月定投，你会得到怎样的收益？（假设年投资收益率为 8%），单位为元。

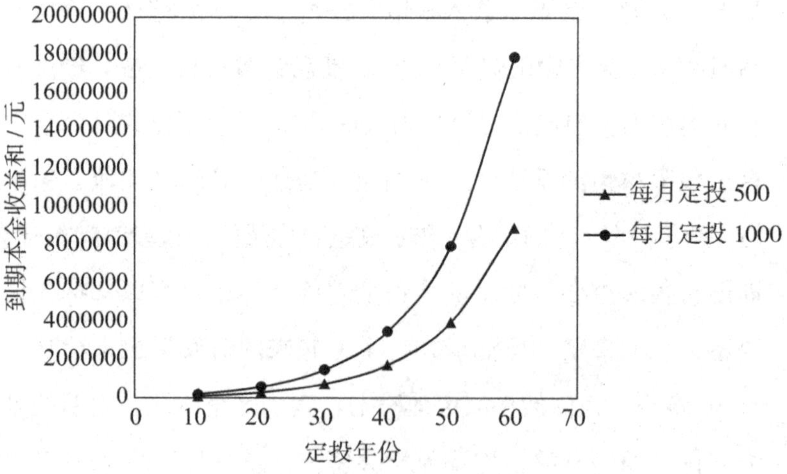

每月定投随着时间增长的收益

通过图标可见，随着年份增加，收益呈指数级增长，时间越长，增长越快。当你经年累月坚持去做重要不紧急的事，收获就会如定投收益一样，不断增长。

巴菲特是典型的长期主义者，他说过两句很出名的话："如果你不愿意拥有一只股票十年，那就不要考虑拥有它十分钟。""我从不打算在买入股票的次日就赚钱，我买入股票时，总是会先假设明天交易所就会关门，5 年之后才又重新打开，恢复交易。"实际上，巴菲特一生中 90% 以上的财富都是 60 岁以后才获得的，这足以证实复利的威力。

那么你生命轮中能够随着时间产生复利的事情有哪些呢？虽然每个人对生命轮的定义不同，但也有一些相通之处，我以自己的体会为例，供大家参考。

自我关系中重要不紧急的事

1. 身心健康

最早的时候，我认为运动、饮食、睡眠很重要，后来，我发现心理健康也很重要。深入研究后我才意识到，这结合起来不就是精力管理嘛！于我而言，一个人的精力水平决定了生命的质量。因此，管理好精力就是身心健康这一轮中最重要的事。

2. 自我成长：学会学习、探索潜意识

（1）作为一名终身学习者，我认为"学会学习"很重要。比

如，我要学习英文，要学习 Excel，要学习沟通等，但是如果我先学会学习，那么“会学习”这个技能就会在学习英文、Excel、沟通上都产生复利，因此先学会学习是更重要的。

（2）我认为**改变潜意识是生命轮破局成长的底层真相**。正如荣格（Jung）所言：“潜意识正在操控你的人生，你却称其为命运。”潜意识操控着我们的行为模式，当我们看见自己的潜意识，才有可能不断自我重塑，实现人生突破。

3. 娱乐爱好：整理归纳

无须过多的解释，我就是喜欢家里简单干净。

亲密关系中重要不紧急的事

1. 与伴侣的关系：“我还没有结果，只做参考”

我认为是成为更好的自己，不断改善与自己的关系。因为一切和外在的关系，本质都是和自己内在的关系。

2. 子女：“我没结果，只做参考”

我认为培养子女最重要不紧急的事是品质和习惯的培养，而非技能课程的学习。

3. 父母：保险，健康

于我而言，爸妈的健康最重要，所以我会提前买保险，并引导他们培养良好的饮食、运动习惯等。

社会关系中重要不紧急的事

1. 事业发展：团队、赛道

这部分我不算有多大的成果，但是可以分享一点儿我的认知。首先，团队很重要，一个人走得快，一群人走得远，因此和谁在一起很重要。再者，你自己事业所在的产业是夕阳产业还是朝阳产业，决定了你的发展前景。

2. 财富投资：学习投资理财

学会投资理财的技能，比单纯地多攒一点儿钱更重要。我一直坚信：你不理财，财不理你。

3. 社会交际

这方面不算我的强项，之前一直没太关注。直到2019年跟高鸿鹏老师学习，我才意识到社交的重要性。对于社交，**我认为最重要的是先提升自己的价值，不论是技能价值、资源价值还是情绪价值。然后坚持利他，为他人提供价值，**因为所谓人脉本是一场交换。

什么样的人才能走得更快、更远？谁才能成功转动人生幸福的生命轮，获得圆满的人生呢？一定是拥有长期主义，坚持优先做重要不紧急的事的人，他们能够平衡长期与短期利益，把时间投资在最有价值的地方，从而撬动人生加速的杠杆，享受到时间的馈赠。

原则 3：当下重要的事只有一件

很多学员刚开始学会用生命轮规划时间的时候，会很兴奋，觉得自己拿到了走上人生巅峰的“葵花宝典”，马上就能练成绝世武功，但很快又变得沮丧。因为发现自己各个方面都存在不足，修炼之路漫长且艰难。一天只有 24 小时，到底如何分配，才能有条不紊地提升生命的各个方面？

我有一个学员（暂且称她为小 A）告诉我，她所在的行业已经发展到瓶颈阶段，自己对工作没多少热情，年纪也到了应该拼一把的时候。然后，她又跟我说，家里孩子老大面临小升初，老二年纪小，还要挂在身上；人到中年精力水平下降，感觉特别容易疲惫；结婚多年，跟伴侣的关系也有待提升。总之，生活面临一堆问题。我让她思考一下生命轮的排序。最后她说：“工作第一，孩子第二，个人成长第三。至于夫妻关系，先暂时搁置，反正老公也忙，自己成长了，夫妻关系也许就改善了。”按照她的逻辑，看起来没什么问题。我笑着说：“咱们试试吧，试用 2 个月，再看你要不要调整。”

结果还没到 2 个月，小 A 就要崩溃了。她说自己加班时，看到孩子在家发的信息就会烦躁，晚上回到家看到已经熟睡的孩子留的小纸条，就愧疚得满眼泪水，不能安眠。周末很多同事都加班两天，她只能加班一天，第二天陪孩子的时候又忍不住去看群消息，没办法全情陪伴。

加里·凯勒（Gary Keller）在畅销书《最重要的事，只有一件》中告诉我们：尽量缩小目标，专注于当下一件最重要的事，就能够获得成功高效的生活。这句话我体悟了很多年才明白。**我们想要让生活各个方面都满意，就得专注当下重要的一件事，学会聚焦才是捷径。**

然而，这并不是一件容易的事情，因为一旦涉及选择和取舍，尤其是“舍”，就变得异常艰难。人们本能地想要更多，丢掉 100 元钱的痛苦要比捡到 100 元钱的快乐多 2 倍①。小 A 虽然表面上做了排序，但内心依然是“工作”“孩子”都想面面俱到，在两者冲突的时候，便会举棋不定，什么都做不好。

我们常说“舍得”，有舍才有得。**在投资中，很多人都知道“不可能三角”定律，即任何投资品种都不可能同时满足高收益、高流动性、低风险三个条件。**如果你既不想冒险，又要赚大钱，还想什么时候取钱就什么时候取，就是痴心妄想。关键时刻懂得“战略性舍弃”是一种勇气和智慧。《学会选择，懂得放弃》一书中提到，战略性舍弃是基于资源有限的情况下，通过对目标和结果的权衡而做出的最优解选择，将优势资源和精力放在更加重要的事情上，从而得到事半功倍的效果。小 A 与其在多

---

① 经济学家、诺贝尔经济学奖获得者理查德·塞勒（Richard Thaler）教授提出的“禀赋效应”。

个目标之间摇摆不定，不如暂时性搁置一部分目标，先集中资源攻克一个命题，等条件成熟再轮转到另一个。

然而，小 A 到底该如何取舍呢？很显然，工作和孩子都让她难以割舍。我们大部分人都知道自己想要得到什么，但只有少部分人才清楚自己可以舍弃什么，这才是更大的力量。如果我是小 A，面临事业和陪伴孩子，我会问自己这两个问题：

1. 得到哪个更让我开心？闭上眼睛想象一下，事业上年薪百万，成为持有公司股票的总监更让我开心，还是孩子考入重点中学，亲子关系变好更让我喜悦？

2. 失去哪个更让我无法接受？可以基于现状适当恶化结果，如果没有升职加薪被裁员更让我崩溃，还是孩子只上个普通中学更让我难以面对？

回答完这两个问题，内心就基本有答案了。其实舍弃的过程，也是让我们更贴近自己内心的过程。

我知道这条学会舍弃的路并不容易。有学员跟我说，我已经舍弃太多了，没东西可舍了！但，这是事实吗？

去年我开始矫正牙齿，一口气拔了 4 颗智齿，拔完之后两边脸肿成包子，饿到只剩半条命，但是有些工作是不能丢的，怎么办呢？其实我践行极简主义已经 10 年以上，本身工作已经精简到极致，能外包的早外包出去了，我曾以为再也没有精简的余地了。但身体状态实在支撑不了当时的局面，怎么办？我把所有的任务都写到本子上，然后一条一条划掉，最后只留一两件无比重要非我做不可的事情。一个星期过去了，我发现，自己的工作好像并没有受到多少影响，反而在最关注的方面还出了不错的结果。这一次，我才意识到，你永远都有一减再减的余地。那些说已经没有再“舍”的余地的伙伴，不妨也来体验一下，把你当下的工作删减到一半，会有怎样的结果？

当下重要的事只有一件，这是时间投资中的重要原则。你需要做合适的战略性舍弃，把时间资源集中投放在最关键的位置。当然这里的舍弃，并非永久放弃，只是暂时搁置，待时机成熟，还可以重新轮转回来。如此，你才能有规划、有策略、有条不紊地收获一个完满的生命轮。

原则 4：留白

我有很多学员在刚开始做计划时，都有一个通病，就是计划安排得特别满，根本完不成。我不止一次提醒他们，做计划不要做太满，“小白”可以留出 35% 左右的时间，有一定经验的人也建议留出 20% 的时间。然而很多人表面上接受建议，但执行时都选择性忽略。其实很多人从心底就不愿意留白，觉得浪费时间。就跟很多股民都喜欢满仓操作一样，觉得自己可以抄底，全仓买入，然而，当他们发现持有的股票持续下跌的时候，早已没有可以再动用的本金。其实，大部分人都忽略了留白的重要性。

首先，留白是为了给时间安排留下弹性。我们的预估跟真实情况会有差距，大部分人都容易低估做一件事情的时间，比如以为自己写一个报告只需要2个小时，实际找资料，再磨磨蹭蹭刷会儿手机，4个小时才勉强完成。又或者，你难免会遇到一些计划外事件，这些留白的时间可以让你从容应对。

其次，留白可以得到更好的创意，让你更高效地完成工作。在《当和尚遇到钻石》这本书中，作者提到了“圆圈日”的概念，在圆圈日中保持静默、独处，有助于开启内心玄妙的创造力。我认为其实每天都可以有圆圈时间，如果没有计划外的事情发生，留白就是我每天的圆圈时间，我会给自己安排一会儿静坐独处，没有电子设备，没有任何外界打扰，就静静地待一会儿。此时脑神经会处于一个比较放松的状态，会有很多有创意的想法迸发出来，我称它们为灵感。往往这些闪闪发光的灵感的价值远比多工作几个小时的价值大得多。

最重要的是，留白可能预示新机会和可能性。比如说，一个我非常喜欢的老师在北京开线下课，由于疫情我没办法回国参加，特别遗憾。然后那天早上老师给我留言说，可以看网上直播，他这次把直播免费放出来了，但没有回放。幸亏当天我的计划本上有2个小时的留白时间，然后又压缩了一些午饭的时间，开开心心地听了3个多小时课程。如果我的日程都排得满满的，没有这些留白时间，就会错失这次机会。

学会留白是区分普通时间投资者和投资高手的重要标志之

一。投资高手永远不会满仓操作，他们会给自己留有余地，给时间留有空隙。愿你也成为一个学会留白的时间投资高手。

原则 5：高质量借力

我一直在强调时间是比金钱还重要的资产，但是在涉及实际的金钱利益时，很多人还是会不自觉地忽略掉“时间成本”，比如，为了省几元钱或者几十元钱，花半天时间比价、凑单；为了省点房租和路费，每天花费四五个小时在路上；为了微信群里的团购优惠，花大量时间泡在群聊里……

这些行为的出现，还是由于人们看不见时间的隐藏价值。毕竟，金钱可以实实在在拿在手中，而时间看不见摸不着，溜走了也不心疼。小时候我们都听过“时间就是金钱”这句话，那时候我以为这是个比喻，比喻时间像金钱一样宝贵。长大后才发现，这句话其实说出了金钱的“实质”，毕竟对于大部分打工人而言，金钱都是通过出售自己的时间换来的。所以，不仅仅时间可以换钱，钱也可以购买时间。用钱购买时间即花钱购买别人的帮助，我称之为“借力”。什么情况下我会借力呢？一般有以下两种情况。

第一种，为了节省时间而高质量借力。

比如我现在每个月会请阿姨来打扫一次房间。因为平时工作忙，就选择把这些事情外包，减少我的卫生清理时间，然后利用这个时间去创造更高的价值。这里要记住：**你的单位时薪要大于或者等于你购买劳动力的时薪。**[单位时薪 = 你一年的净收入（包括工资收入、理财收入等）/（365 天 ×24 小时）]

这个原则也不是绝对的，如果情况特殊，购买劳动力的时薪短时间内小于单位时薪也是可以的。比如我刚来澳洲上学的时候，第一份工作的时薪和清洁阿姨的时薪基本持平。当时住的房子在国内叫“独栋别墅”，整个打扫下来需要 4 个小时左右，这还不算除草和清理游泳池的时间。等打扫完，我也累瘫了，还需要洗澡、洗衣服、睡觉休息，最少也需要 3 个小时，一天就过去了。这样看来，我打扫卫生的时间成本并不是 4 个小时，而是 7 个小时，所以我会选择请清洁阿姨帮忙。

之前在澳洲一边读研究生一边打工的日子里，趁着假期，我还做过两份兼职，其中一份是写公众号文章，坦白讲，不是所有的工作都是我自己做的。我只负责写，其他的排版、润色、配图等工作，我都找人代工。我分析过，我写一篇文章，需要 40—60 分钟，其余的事情可能也需要 1 个小时，而且我并不擅长做这些，我也清楚地知道这份工作不会是我长期的职业，因此我选择不花时间精力去提升这个技能，而是直接外包。我当时拿的工资是澳币，外包出去支付人民币，还是低于我的单位时薪。这跟一些大品牌会选择越南、缅甸的代工厂外包是一个道理。前面我们提到过很多妈妈都苦于无法平衡家庭与工作，除了会“舍”，会借力也是一种智慧。你可以计算一下，在看护孩子或者工作中，有哪些时间是可以用钱购买的。当然，前提是要分清楚，哪些事情是必须亲力亲为的（比如必要的亲子陪伴），哪些是可以假手他人的。

此外，当时间真的很稀缺的时候，我也会借力。比如期末考试又恰逢年底工作特别多的时候，考试前只能请到3—5天的假期，一口气考3—4门的感觉还是很“酸爽”的。我一般有3种交通方式去学校：第一种，开车到车站，然后坐公交再走路去上课，单程时间成本50分钟，费用是公交费1.6美元+一点油费。第二种，直接开车25分钟，停车费20美元。第三种，直接打车，时间20分钟，成本37—38美元（相当于人民币200多元）。到了期末的关键时候，我会直接选择第三种方式，因为这20分钟我是可以看书的。这时候时间是我最稀缺的资源，我选择用钱去购买。毕竟，如果挂掉一科，我的代价是将近2万元人民币的学费及一学期的上课时间和作业，又或者我请假复习的时间太长，老板不满意，直接辞退了我。无论哪种情况发生，结果都要比花这点儿钱糟糕得多。

第二种，为了智慧的借力，也就是花钱买别人的时间和经验。

对于不熟悉的领域，我想快速入门，就会去找一个行家咨询。选择这位行家的标准，是他在这个领域有经验、有结果，能在大方向上给我指一条正确的道路，同时告诉我一些可以避开的坑。

比如我原来做地产的时候，有一次老板让我做个销售团的团书流程图，我对此一窍不通，于是就拍脑袋想了想，先弄了个草稿，然后去在行和知乎上找行家付费咨询。这里的顺序很重要，你要先把自己能做的都做了，有一定的学习和研究，再去和行家请教、对答案。而不是为了偷懒去付费找答案。因为，当你是“小白”的时候，连名词术语都不懂，你在付费咨询的过程中只能问“小白”的问题，大部分时间专家要给你扫盲，而不是讨论或者教给你宝贵的经验。这样你的金钱投资收益比是很低的。

在熟悉的领域想精进，我也会借力。比如，现在作为一名教练，我会有自己的课程，平时我也会去别的老师的同类课程上学习。有一次我去学习一门课时，巧遇了我的一个学员，她私信我说：“Luna 老师，你来砸场子吗？”我告诉她，我只是来看看别的老师都留什么作业，如何设置作业让学员学习效果更好。课上为了让学员有感悟，我会留各种作业，比如看书、看视频、看电影等，那么找寻合适的作业就是一件非常耗时的事。我做课程和修改打磨可能需要两周时间，但找作业可能需要花 1 个月时间。这时候去别人那里借力，不仅可以激发自己的灵感，也可以节约时间。

当自己遇到困难或解决不了的问题时，我都会去付费请教。这种借力，其实是在撬杠杆，用一些金钱去撬动别人多年的经验和智慧。

在刚开始付费借力智慧的时候，我遇到了一个最大的问题——钱。这些专家的价格都相当不菲，一小时 2000 元、1 万元、2 万元，甚至 10 万元的都有。我会舍不得，反复纠结。后来有一天，我看到朋友圈一个大咖的学习笔记，他这么说：**“如果你期待自己 3 年后年薪百万，那么现在就不要吝啬向年薪 300 万的人学习付费。”**比如我现在时薪 3000 元，然后我期待 3 年后我的时薪是 6000 元，那么我最高可以支付 1.8 万元一小时的费用，即 6000 元的 3 倍。有了这个认知之后我豁然开朗，少了很多纠结和犹豫。当然，这里说的“学习”是真正的学习，之后要认真践行和体会，而不只是为了跟风或者缓解焦虑而学习。

时间和金钱是可以互相置换的，甚至大部分情况下，时间是比金钱更宝贵的资源。在合适的时候，选择高质量借力，用省下来的时间去创造更多的价值是一种智慧。

原则 6：避开垃圾股

在投资股票时，有经验的老股民都知道一个原则——避开垃圾股。这些垃圾股由于企业经营不善、业绩差等诸多原因在市场上长期萎靡不振，甚至亏损。在时间投资中也一样，有一些人看似对时间很珍惜，每天忙忙碌碌，但实际没有多大产出，投资回报率非常低。这种忙碌还会直接影响你的投资状态，这是因为你把时间投在了垃圾股上。在时间投资市场，都有哪些垃圾股呢？总结起来，我发现最常见的有以下四种。

1. 无效社交

在这个互联网发达、个人崛起的时代，大家都知道社交的重要性。但是，我发现很多人社交过度了。他们经常外出吃饭，一到逢年过节要花很长时间准备礼物。看似有很多朋友，或是保存了很多大咖的联系方式，但其实也只是停留在“认识”这个层面。李嘉诚说过：“在你还没有足够强大、足够优秀时，先别花太多宝贵的时间去社交，参加各种各样的聚会，应多花点时间读书、提高专业技能，多见见你的客户。放弃那些无用的社交，提升自己，你的世界才能更大。”这一点我是很赞同的。当你无法为别人提供价值，你所谓的社交不过是浪费时间而已。

2. 不筛选人际圈子

有一次，我去菜市场买鱼，摊主告诉我 20 元一斤。后来又来了一个阿姨，摊主告诉她 50 元一斤，阿姨说了一句“真贵”，就默默走了。摊主看见我狐疑的目光，跟我解释：“这大姨我认识，经常来市场上问东问西，从来不掏钱，不如报个高价把她打发走，省事儿！”你看，这就是个聪明的时间投资人。其实很多人不懂拒绝也不进行圈子筛选，把大量时间花在没意义的人身上。我之前也犯过这样的错误。

刚开始做知识付费的时候，我很热心，想把自己多年的积累都告诉别人，帮助大家更快成长、少走弯路。所以，不管他们是不是学员，有没有跟我付过费，只要私信我，只要在我擅长的领域，我都会尽心尽力地回复。但后来我发现，这些人中的大部分都不会把听到的知识付诸实践，甚至过了一段时间又来问同样的问题。我却因此浪费了大量时间，而且没有任何产出。我甚至还遇到过一些免费得到我的帮助之后，不但不懂感恩，还回过头来批评教育我的人。有个人半夜11点给我打电话，带着满腔情绪说我高冷、势利。其实他只是不停地找你问问题，自己不行动、不努力，却期待在你这里获得能迅速成功的灵丹妙药。因为比起自己去行动和改变现状，不断地去外面寻求答案容易得多！我虽然不至于生气，但也会觉得委屈。至今我都感谢这个人给我上了一课，让我明白，要珍惜自己的时间和精力，把时间花在值得的人和事上。也是从那时候起，我开始梳理自己的交友原则和招生原则。后来我在书中看到“世界石油大王”洛克菲勒（Rockefeller）年轻时候就拒绝和两种人交往：安于现状的人和不能将挑战进行到底的人。我非常赞同他的观点，如何选择圈子是一种智慧。如果跟某些人的交往既带不来经济上的价值，也不能给自己带来成长，还常常消耗情绪，不如早早远离这些人。

3. 低水平努力

很多人花了太多时间在简单重复的事情上。我有个学员，曾在一家公司做新媒体运营，一开始，她还满怀热情地写文章和文案……忙碌了一阵子，文章的阅读量经常只有个位数，感觉很挫败。后来，公司缺客服，她就兼职了客服。渐渐地，她觉得还是当客服比较愉快，成交一笔订单比写一篇没人看的文章有成就感多了。于是，她早上一起床就回复客户消息，晚上10点钟还在回复，她终于又变回那个“勤奋又努力”的自己。只是几年后，跟她一起入行新媒体的人已经小有成就，而她还在重复着简单的工作。你说这个学员不珍惜时间？其实她工作很积极，只是，她时间投资的地方不太明智。我经常跟学员说，不要假装努力，现实不会陪你演戏。

生活中，掉进这个坑的人可不少：有人情愿动手花3小时处理表格数据，也不愿意花30分钟去学一个公式，而学会这个公式之后，原本3小时的工作只需要3分钟就能完成；有人情愿每天花10小时重复简单低效的工作，也不愿意花半小时去让自己升级。那些简单又熟悉的事情，给了我们勤奋的假象，让我们心安理得。只不过，假象总有一天会被戳穿。很多时候，我们在时间的投资上，不妨“势利”一些，多问问自己：“这件事可以帮助我成长吗？”而不是仅以情绪上短暂的舒适、愉悦为导向，否则你就更容易选择舒适区之内的事，毕竟突破舒适区一定会伴随不适感。但不去突破舒适区，你的时间投资就永远无法增值。

4. 错误的注意力管理

这世界上的事件分为可控和不可控，还有一些是部分可控的。很多人都会习惯把注意力放在不可控的部分，然后去担心焦虑，白白消耗时间。因为疫情，我回国的计划一再被打乱，每次打电话，妈妈都会问："你什么时候回国啊？"我能从她的语气中感受到她的担忧。一开始，我也有点焦虑，后来我意识到这是把注意力放错了地方，疫情不是我能控制的，把注意力放在这儿，无法解决任何问题。后来我直接告诉妈妈："我不知道疫情什么时候结束，结束了我会订机票的。"上个月，我妈妈看到澳洲疫情人数上升了，又三番五次地打电话问我："什么时候打疫苗，什么时候轮到你（澳洲按照年龄从高到低排优先级）？"这又是一个我无法控制结果的问题，与其操心这些，还不如做到保持社交距离、减少不必要的外出、戴好口罩。把注意力放在不可控制的事情上，只会引起不必要的焦虑，降低时间资产的质量。你可以去回想，你有多少时间和精力，是浪费在了不可控的事情上。

生活中处处隐藏着"垃圾股"，或许是一些坏人，或许是一些坏事。当你无法识别的时候，你有限的时间资产都消耗在上面，自然无法投资更多时间在优质股上。无效社交、不筛选人际圈子、低水平努力以及错误的注意力管理，是生活中常见的隐形"垃圾股"。当你能够看见并避开这些隐形的陷阱，才能让自己的时间资产免遭损失。

第五步
盘点时间资产

任何类型的金钱投资都离不开盘点资产，如果不知道自己有多少钱，不追踪投资记录和回报率，怎么优化投资方案呢？同理，时间资产也是一样。如果不知道自己时间都花在哪里，又如何合理规划时间呢？更何况，时间不像金钱，金钱是显性的，而时间看不见摸不着，更容易在不知不觉中流失。因此，对时间资产的盘点就更加必要，这一章，我们开启时间投资的第五步：盘点时间资产，学习记录、归纳和分析时间资产。

盘点时间资产，如何让你的隐形资产变显形？

记得刚工作的时候，公司里有一个小美女同事，每到月底发工资就特别兴奋，因为她上个月的工资早早就花光了（也就是大家口中的“月光族”）。她和爸妈住，没有租房和吃饭的花销，所有薪水都能自主安排。但是你问她钱花到哪儿了，她只能说出两三笔大额支出，其余的都稀里糊涂。你看，即使是看得见摸得着的金钱，都不知道花到哪里去了，更何况看不见摸不着的时间呢？

现在人们习惯使用电子支付，你还可以通过支付记录来看金钱流水，但时间呢？它每天自动发货，没有交易记录（当然，你可以参考一下手机上的屏幕使用时间，那个数字往往格外刺眼）。你常常觉得一天过得忙忙碌碌，可又回想不起这一天做了什么——时间，都去哪儿了？

什么是盘点时间资产？

不被觉察的资产很容易被浪费掉，更别说合理化使用和投资了。于是，盘点时间资产就变得格外重要。那么，盘点时间资产，具体指什么呢？

在我看来，**盘点时间资产的第一步一定是记录时间花销，**清楚自己有哪些可支配的时间，知道自己的时间都花在了哪里。这是盘点时间资产被看见的最基础步骤。

第二步，是盘点时间资产的类型。什么意思呢？假设你手里有现金、房产、股票、债券基金，那么你一定会区分这些资产中有哪些是可以产生高收益的，哪些是用来保本的，哪些是用来保证基本日常生活的，对吧？那么分析时间资产类型，则要分析哪些是高质量时间，哪些是低质量时间，以及它们如何跟你的任务相匹配才能产生最佳收益。

为什么要盘点时间资产？

也许会有人说，这事太浪费时间了！但是你见过哪个优秀的投资人，只是天天操盘，不认真研究公司财务报表、不跟踪记录投资支出和收益的？为什么一定要盘点时间资产呢？

首先，当你开始盘点时间资产，你才能获得时间花销的原始数据，这是你分析和优化时间投资的基础。比如做时间投资计划时，如何才能让计划跟现实更趋近？一定离不开这些原始数据的积累。

其次，盘点时间资产，可以提高对时间的敏感度。什么意思？比如，比尔·盖茨（Bill Gates）、埃隆·马斯克（Elon Musk），他们的时间都是以分钟划分的，5 分钟足够发几封邮件了。但有些人随便刷刷手机，半小时过去了都没有意识到。这就是时间敏感度的差异。当你对时间的敏感度增加，你能更清楚地看见时间浪费在哪里，找回那些从缝隙溜走的时间。

最后，也是最容易被人忽视的一点：**记录时间，就是记录回忆、记录生命**。现在，我们时常抱怨，时间过得越来越快，一年“嗖”地一下过去，而一回头，却记不清自己做了什么，为什么？

当你 3 岁时，1 年是你生命的 1/3，但是当你 30 岁时，1 年只是你生命的 1/30，这样来看，你感到时间转瞬即逝也无可厚非。另外，更重要的原因是，随着年龄的增长，我们对生命的好奇心也在递减，生活越过越单调，缺乏回忆点。在 2016 年的 TED 大会上，纽约大学的心理学教授莱拉·达瓦奇（Lila Davachi）说："我们想要更多的时间，但其实真正想要的是更多回忆。"你的回忆越多，你感觉生活越充实，时间流逝得越慢。然而，你现在可以给自己 2 分钟，回想一下，在过去的 1 年里，有多少特别值得回忆的事情？当我问学员这个问题的时候，很多人都大脑一片空白。有个学员说，她好像很多年来都像一头拉磨的驴，一圈圈，一天天，一年年，重复着相同的路径，根本想不起有什么值得特别回忆的事情。

著名心理学家威廉·詹姆斯（William James）说：**"空洞、单调和熟悉，使时间枯萎。"而记录时间，能让你看见生命从何处枯萎，给你机会重新梳理生活，去选择创造更多你想要的回忆：**你可以选择更热爱的事业，选择花更多时间跟自己相处，选择培养你的爱好，选择让你的生活更加丰富多彩。你记录下所有的辛苦、快乐、成长，而这些，让你的生活重新鲜活起来。

或许，我说这么多盘点时间的好处，都抵不过实际行动带给你的触动，我有学员在记录了一段时间之后跟我说："以前没有这个认知的时候，也没觉得怎样，现在才发觉我以前对自己的人生好不负责！"的确如此，当你开始盘点自己的时间资产，这是你在学习为自己的时间负责的第一步。生命不过由一段时间构成，对时间负责，就是对生命负责。

记录时间，分析并优化你的时间资产

上一节我们说到，让时间资产被看见的第一步是记录时间花销，那么如何记录时间？不要认为时间记录很简单，事实上，坚持去做的人凤毛麟角，正如人们常听的那句话：成功的道路并不拥挤，因为坚持的人不多。

如何记录时间？

通过纸、笔或者手机应用，记下你每天做的事情以及它们所花费的时间。比如：7:30—8:00 早饭，30 分钟；9:00—10:00 录课程，1 小时。也可以不用记录得这么细致，只是记录下生活起居、工作、学习、使用电子产品、通勤等各大类花费的时间。我平时喜欢用自己的本子，每天做计划时就写下预估时间，之后只需要记录下来实际用时。当然，纸笔记录的话，最后统计时看时间花销比例不那么清晰，我分享一个自己的小经验：我会每天或者每周三找个固定时间段，将时间花销录入手机应用，这样既一目了然，也不会浪费太多时间。你只要记录 3 周左右，基本就能看到时间花在了哪里，甚至只记录几天，就会有很多新发现。当有了一段时间的数据之后，你可以制作一个图表分析，也可以直接看手机应用的统计记录，找到自己的工作规律和可以优化时间分配的空间。当你找到规律，并优化和习惯了新的时间节奏，可以暂停记录，但每当你作息时间有了较大的调整的时候，就再记录 3 周，重新掌握规律。

看起来挺简单的，为什么坚持下去的人还那么少呢？我观察过很多学员，发现他们主要存在这两类问题。

第一类：总是忘记记录，怎么办？

这是最普遍的问题。尤其当你有很多琐碎的事情的时候，你想起来记录时，才发现之前零零碎碎的事情都不记得了。并且刚开始记录时间时，你很难马上收到正反馈，这件事又麻烦又耗时间，当然很难坚持下去。怎么办，就放弃吗？我的答案是：不用放弃，当无法自律时，可借助“他律”。什么意思呢？比如，我有个学员为了能坚持记录时间，主动在社群里说，如果自己当天没完成记录时间的打卡，就发 200 元红包。这样坚持了 20 多天，她记录时间的习惯就养成了。

第二类：记录了几天，发现自己每天花大把时间玩手机，不想面对工作，内心抵触，怎么办？记录让自己感到时间紧迫，很焦虑，怎么办？

首先，想一下记录时间不就是为了看见时间管理中存在的问题，然后去解决吗？如果逃避，不就违背了初衷？再者，**把自己当作一个陌生人，只是抱着好奇心去观察和记录，而非评判**。你会惊奇地发现：记录时间会变成一场发现和认识自己的探索之旅，你会知道自己喜欢在哪里花费时间，习惯在哪里拖延和应付……比如，我在记录时间时，会发现自己特别享受学习和培训他人的时光，这也给我走上今天的教练之路一些启示。当你抱着这种发现和探索的心态时，记录时间是不是多了很多乐趣，少了很多焦虑？

如何分析时间资产、优化投资策略？

记录不是目的，如何优化投资策略让下次回报率更好才是根本。所以，如何分析原始数据，并优化时间使用，才是高手最重视的事。那么如何分析这些原始数据呢？

首先，我会拿出各项活动所需要的时间，看实际支出跟我的预期是否相符。很多人都会对自己的时间花销有很严重的错误预估。比如有数据显示，那些说自己每周工作 75 小时以上的人，实际每周只工作了 50 小时。那些说每周做家务 40 小时的全职家庭主妇，实际在家务上只花了 18 小时。中间差的 20 多个小时去哪里了？有人说工作太忙，没时间运动，其实记录完时间消耗会发现，工作时间还不如刷手机的时间长。有人说多花时间陪伴孩子，结果记录显示陪伴孩子所花的时间寥寥无几。当你做完记录，真相就会浮出水面。下面是我统计的自己一周的各项活动所占时间的比例（总时长 168 小时）：

睡眠　32%

运动　5%（包括运动产生的时间）

学习　20%

工作　16%（投资 5%+ 上课备课 6%+ 微信答疑沟通 5%）

家庭陪伴　1%（给妈妈打电话）

朋友社交　2%

生活娱乐　2%

日常起居　19%（做饭、刷碗、买菜 12%+ 洗漱 3%+ 收拾屋子洗衣服 4%）

通勤交通　0%

使用电子设备　3%

备注：我个人记录会有一个原则，因为某项内容产生的通勤时间会记录在这个项目里面，比如我去健身房路上花的时间，会记录在健身这个内容里面，因为我已经找了最短路径，没有再优化的余地。工作中的 5—10 分钟的休息也会记录在工作中，比如我工作了 47 分钟，可能就会休息 13 分钟，这样算作 60 分钟会比较好记录。生活娱乐一般指周末爬山、游泳这种大块时间的放松，基本都是外出活动。大家只要按照自己的记录规则分类统计就好。比如，我有的学员的生活娱乐里面有两个类别：一类是课间休息，一类是放松娱乐。课间休息就是工作中小的暂停休息，娱乐放松包括整块的看剧时间、外出约会、看电影等，也包括电子设备使用时间。我的记录规则里面，看剧、使用购物软件都划归使用电子设备一项里面。利用手机进行工作沟通都属于工作类，为的是刻意监控我的手机使用时间。每个人的分类会有不同，你只要清楚自己的分类原则和目的就可以。

我的各项时间花销有个大致比例，会有一点上下浮动，但是基本固定。当数据出现偏离过大的情况时，我会去分析原因，有必要的话会尽快调整。

其次，我会通过数据，找到无意识被浪费的时间。比如，之前我在电子产品上花掉的时间能到11%（18.48小时），这个数字相当于2个工作日的白天时长。更何况，我还是号称很高效的时间精力管理教练。为什么会出现这样的情况呢？我发现，在我有空闲时间的时候更容易花费时间在电子产品上。我的假期一般是别人的工作日，基本没有什么朋友有空陪我玩儿，空闲时间就很容易消耗在手机上。当然，我不是说不能看手机放松一下，只是这对我来说不是放松，反而让我更累。

再次，我会根据数据优化时间投资，分析哪些事情可以少做或不做，哪些需要多做。很早之前，我的日常起居时间占19%是不够的，主要缘于每天刷碗竟然至少需要30分钟，一周收拾厨房至少需要4个小时，后来我改成了用洗碗机，这个比例就降了下来。以前我总拿忙当借口，一周给妈妈打不了几个电话，每个电话就十几分钟。事实上，并不是真的一点儿时间没有，只是我对妈妈太吝啬了，虽然我确实不爱听她说的很多话，但亲情并不单单以情绪为导向，需要更多无条件的包容和爱。当我意识到这个问题之后每周尽量给妈妈打3次电话，一次 30 分钟左右。

最后，通过这些原始数据，我还可以知道，当工作生活有变动的时候，可以从哪里调整时间。就如同股票涨跌需要调仓时，你知道从哪只股票入手调整。

我的日常工作量很大，时间安排得很满，但难免临时有学员发私信，或者开课期间会有大量学员私信我，去哪里挤出这些计划外的时间呢？我一般会从日常起居时间方面来挤这个时间。比如吃得简单一些，一次买够 1 周的菜，或者点几顿外卖。在做饭这件事上，我就积累了很多省时的备用方案，比如用烤箱烤一顿饭，把锡箔纸从烤箱拿出来放在盘子上，连盘子和碗都不用刷，一顿饭就省出 30 分钟。特别忙的时候还会从运动上省时间，我一般一周运动 5 次，加上路上一共 8 个多小时，但在特殊时期，会减少到 3 次，甚至只去一次健身房，其余两次在家练，节约路上的时间。另外，收拾房间、洗衣服的时间也可以压缩，请保洁阿姨帮忙，花一点儿金钱成本就行。

工作相对轻松的时候，我可能会多花一些时间用来学习、放松、交友、动手做点好吃的、自己收拾房间、洗衣服等。总之，通过长时间的时间记录，我对自己的时间资产库了如指掌，对于一些计划外的事情都能很快速地调整适应。

时间投资错题本

为了优化时间使用策略，我自己有一个本子叫**时间投资错**

题本，上面记录着我在时间投资上的错题记录和升级行动。它是我人生加速成长的一个牢固地基，我每日反思时间的投资情况，让我享受到更多时间的复利。1.01 的 365 次方约等于 37.78，也就是说如果每天提高 1%，一年就至少能翻 37 倍。

我的时间投资错题本都记录什么错误呢？主要分为这五类：

1. 因为没有原始数据，而预估不精准的。
2. 计划外的。
3. 认知思维不当的。
4. 安排不合理的。
5. 行为不理性的。

跟大家分享一些我 2020 年时间投资错题本上记录的“错题”。

（1）企业设备资产综合管控体系（ACCM）至少需要 3 小时写作业，这门新课我预留的写作业时间不够**——因没有原始数据而预估不精准。**

（2）周日晚上讲课太过兴奋，超过夜里 12:00（跟国内有 2 小时时差）会睡不着觉，因此周日晚上讲课不能超过 2.5 小时。**——计划外事件。**

（3）中午玩手机时间过长，午休没能按时起床。因此中午 12:00—13:00 可以玩手机，但要定闹铃，保证一定可以 13:30 起床。**——行为不理性。**

（4）工作间隙 5 分钟休息的时候一定不要收拾屋子，会超时！可以去阳台拉伸或者做呼吸训练——**不合理安排**。

（5）上午 8:00 去超市太堵车了，都是送孩子上学的。回来会饿，容易吃得多，然后上午精力不够——**不合理安排**。

（6）等医生熬制中药，本能地觉得一会儿就好（在国内一般都不会超过 1 个小时），结果这次我在周围坐着等了 1 个小时，医生跟我说至少要 3 小时——**认知思维原因（理所当然的经验主义）**。

这些记录提醒我下次不再犯同样的错误。在这里注意一点，记录错题本是为了不断修正自己的认知和行为，而不是用来过度自我否定和批判的。有些学员在最初记录时会对自己的错误进行批判，产生情绪内耗。其实没必要，这点点滴滴的记录，让我们看见错误的时间投资，也看见每一次的改变与成长。

以上，就是我记录时间以及利用原始数据优化时间投资的过程和方法。记录时间会让你更加清晰地了解自己的时间资源库，并不断优化自己的资源配置。当面临变化和挑战时，你可以知道如何迅速调整，积极应对。

高效利用碎片时间

随着现在社会节奏的加快，越来越多人的口头禅是“我很忙”“我没时间”，但这是事实吗？

有一次我和小助理一起在酒店等一个学员赶来吃饭，为了节约时间就点了外卖。小助理花了 5 分钟点完餐，然后在等待外卖和学员的 20 分钟里，就一直刷手机，我趁着这个时间，收拾完了房间和行李；我每次上课前，都会提前 10 分钟把上课用的软件打开，放一首音乐。这时候，我的小助理和学员们登录进来，大家基本都在刷手机或者发呆，我会利用这 10 分钟刷牙、上厕所、接水，然后在上课前 2 分钟回到电脑前。你看，人们通常认为 1 小时是可以利用的整块时间，但很容易忽略 10 分钟、20 分钟，就如同人们对钱的态度，对大额金钱花销会谨慎，但是对于几十块钱的金额就随意得多。但是，如果你每天节省出 2 小时，那么一年就是 730 小时，按照每天工作 8 小时计算，就等于 91.25 个工作日。那 10 年、20 年呢？再举个例子，假设每天花 10 分钟，背 10 个单词，那么 3 年下来就是 10950 个单词，背下来一本“GRE 红宝书”不是问题。这就是碎片时间积少成多的威力，或许一个 10 分钟、20 分钟不会对你的生命产生多大影响，但是这种习惯和态度如果渗透在生活和工作的方方面面，渗透在一年又一年的岁月里，则意义非凡。

很多人惊叹于我的效率，怎么一天能做别人几天的事情，我的秘诀之一不过是比较会利用碎片时间罢了，不会让这类小的时间资产偷偷溜走。

你说我的小助理不珍惜时间？并不是，她以前也算是时间管理领域的狂热分子，各种时间管理的方法学了不少，但是成果一般。为什么一个热爱时间的人却总是把零碎时间忽略掉呢？

后来我意识到，有两方面原因：第一，看不见自己的碎片时间；第二，想不到碎片时间该做什么。

人们为何看不见自己的碎片时间呢？这跟一个人的“时感”有关。

什么是时感？

我对时感的定义，**就是对时间的感知力和对时间的敏感度。**一个时感强的人，就像身体内置了一个时钟，时感越好，身体内的时钟跟真实的时钟越接近。时感差的人，对时间的觉知力很弱，5 分钟、10 分钟对他们来讲根本无知无觉。

很多人不会利用碎片时间，真正的原因是他们感知不到碎片时间藏在哪里，这些时间缝隙，都被他们无意识的惯性动作填满了。比如，我的小助理的时感是 30 分钟，30 分钟以下的时间，她就习惯性地刷抖音、聊微信，半小时过去了，她才意识到：“诶？我什么时候拿起的手机？半小时就没了？”时感以下的时间很容易被忽略，就类似于，认为 100 元钱才是钱的人，花少于 100 元的钱都不太有感觉。

真正的时间管理大神，时感颗粒度都非常细。比如埃隆・马斯克同时经营着包括炙手可热的特斯拉和 SpaceX（太空探索技术公司）在内的多家公司，日常还会负责接送孩子上下学，时不时在影视剧里做个客串……他是如何做到的？他分享自己的时间管理方法，是把每天的 24 小时分割成以 5 分钟为一个单位的时间块，然后把要做的任务安排到这些时间块中，就像把一个个任务装进时间盒子里。换句话说，埃隆·马斯克的时感是5分钟。他可以在5分钟内吃完一顿饭，或者发几封邮件，然后下一个5分钟，又迅速投入到另一项任务中。正因为他的时间颗粒度足够细，他的时间使用也非常灵活，足以应对每天超过普通人几倍的工作量。

如何建立时感?

如何才能建立时感呢？我们可以跟时间管理界的大神——亚历山大·亚历山德罗维奇·柳比歇夫（Alexander Alexandrovich Lyubishchev）学习。★

时间管理知识小卡片

★ 柳比歇夫是怎么记录时间的

在《奇特的一生》一书中有这样的例子：

乌里扬诺夫斯克。1964年4月7日。

分类昆虫学（画两张无名袋蛾的图）——3小时15分；

鉴定袋蛾——20分钟，附加工作：给斯拉瓦写信——2小时45分；

社会工作：植物保护小组开会——2小时25分；

休息：给伊戈尔写信——10分钟；

阅读《乌里扬诺夫斯克真理报》——10 分钟；

阅读列夫·托尔斯泰的《塞瓦斯托波尔故事》——1 小时 25 分；

基本工作合计——6 小时 20 分。

柳比歇夫 1890 年出生在苏联。26 岁时，他从部队复员，开始记录时间日志。之后，他不断优化时间日志，完善时间统计系统，直到 1972 年去世之前共持续记录了 56 年，从未间断过一天。他也因此受益，一生发表著作 70 多部，在生物学、数学、科学史、农业、遗传学、植物保护、哲学、昆虫学、动物学、进化论、无神论、历史、宗教、政治等领域都有高水准的论文，成就斐然。

他每天一笔笔地记录，分门别类，精细到你通过他的时间记录，可将他的生命还原出来。他不只是记录时间，而且形成了记录—统计—分析—反馈的时间统计闭环。这样日复一日的记录，让他建立了无比精准的内在时感。

柳比歇夫时感可以精准到什么程度呢？他跟朋友散步，在不看表的情况下会突然停下，说“一个小时到了，我该回去了”。《奇特的一生》一书中这样描述柳比歇夫，“他借助于一种内在的注意力，感觉得到时针在表面上移动——对他来说，时间的急流是看得见摸得着的，他仿佛置身于这一急流之中，觉得出来光阴在冷冰冰地流逝”。

所以，如果你的时感颗粒度粗，可以跟柳比歇夫学习从一笔一笔地记录时间开始。

建立碎片时间清单

人们不会利用碎片时间的第二个原因是，想不起来碎片时间可以做点什么。针对此，我们可以建立自己的碎片时间清单。这就相当于给自己的大脑编程，一遇到某个场景，就会马上想到去做相应的事情。

我并不是说什么事情都适合用碎片时间来做，比如，我觉得十几分钟读书或者听个重要的课就不合适，你的身心刚投入进去就要结束了，这样做事倍功半。对于碎片时间的利用，我会根据精力状态、场景以及时间长短等维度思考，提前建立清单。你可以问问自己：精力值高的时候干什么？精力值低的时候干什么？开始工作前可以干什么？出门前可以干什么？在家的碎片时间可以做什么？户外的碎片时间做什么？ 10 分钟可以做什么？ 5 分钟可以做什么？

下面是我自己的碎片时间清单，大家可以参考，建立自己的碎片时间清单。

场景 / 时间	2 分钟	5 分钟	10 分钟	15 分钟
办公室	收拾桌子	检查邮件	回电话 / 呼吸训练	写邮件草稿 / 沟通 / 预约工作等

续表

场景 / 时间	2 分钟	5 分钟	10 分钟	15 分钟
家	伸懒腰，走动一下 / 闭目养神 / 保温杯加水	把衣服丢进洗衣机 / 把碗放进洗碗机 / 听歌放松	化妆 / 晾衣服 / 折衣服 / 清理猫厕所	洗漱刷牙 / 冥想、小憩 / 给妈妈打电话
外出	看手机信息 / 打电话预约	回复信息 / 看视频 / 阅读收集的微信文章	回复微信 / 写购物清单	TED 演讲 / 微信群分享

我的表格中，运动类和通过手机执行的（比如回复信息、打电话、看视频等）是不限制场景的，其他会有一些限制。这个表格是动态的，随着大家对时间投资的记录，可以不断丰富和更新里面的内容，把碎片时间更好地利用起来。

注意，我这里并不是说不能放松和休息，其实我的碎片时间里也会主动设置一些放松和休息的内容。重要的是，**你要学会看见并主动管理自己的碎片时间，有意识地选择怎样投资利用，而不是让它们在不知不觉中溜走。**珍惜每一分时间资产，发挥出它们应有的价值。

别浪费了你的钻石时间

你在进行金钱的投资之前，一定会分清哪些钱是用于长期投资的，哪些是用于保证生活的，哪些是固定资产，哪些是流动资金。也就是说，你会对金钱资产进行分类。那么，你有没有对时间资产分过类呢？

你记录了一段时间之后，肯定会发现你的时间使用规律。比如，你可能在早上的时候精力状态好、产出高；上午老有同事来打扰，很难专心下来；中午吃完饭之后，办公室很安静，你想做点重要的工作，却发现大脑处于休眠状态……其实这是因为你的时间质量不同。虽然都是时间，但是背后的含金量不一样，投资回报率也肯定不同。如果你可以了解自己的时间资产的特点，就可以把它们投资到相匹配的领域，发挥出最大价值。否则，拿早上精神状态最好的时间去看电视剧，拿晚上昏昏欲睡的时间练习英语听力，这跟拿着钻石去垫桌角，捡一些破铜烂铁收藏起来，有何不同呢？

如何判定你的时间质量？我主要从“精力值”和“时间是否可控”两个维度来判定（可控时间就是没有人打扰的安静时段，不可控时间是可能会被打扰的时段），把时间分为了四象限。

人的精力状态在作息时间稳定时，是保持一定的规律的，可通过观察和记录得出，也可以去测试生理时钟[①]，但是时间的可控和不可控，需要大家根据自己的时间记录来总结规律。我

① 详见下一章“打造投资环境，升级时间资产质量”。

的时间根据精力状态和可控度划分为 4 种：

1. 精力状态高、时间可控：钻石时间段。

2. 精力状态高、时间不可控：黄金时间段。

3. 精力状态低、时间不可控：青铜时间段。

4. 精力状态低、时间可控：白银时间段。

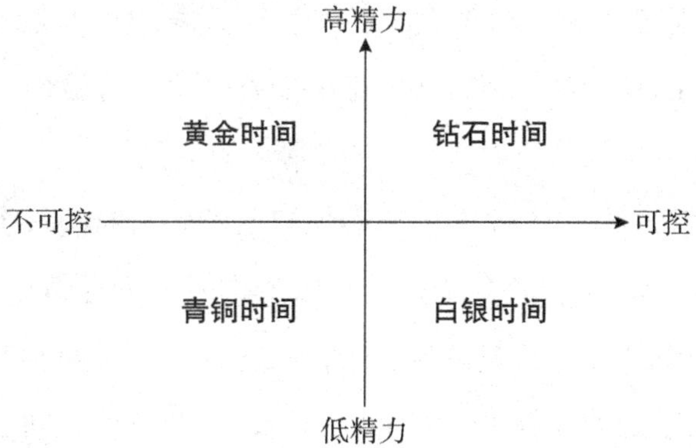

得到这些分析结果之后，接下来，你就可以按照四个象限来计划和安排工作。

比如：

1. 我会把最重要的、需要高效专注的事情，放在钻石时间。比如每天写书一定是放在钻石时间段。

2. 黄金时间段，做一些需要思考、可在碎片时间完成的重要事情。

3. 如果我要主持会议，我习惯安排在自己的钻石时间；如果听别人的会议，大脑只需要简单输入信息，放在白银时间就可以了。

4. 黄金时间和白银时间，与人沟通或者看邮件。

5. 青铜时间，我会做琐碎的，或者熟悉的、不用动太多脑的工作，又或者直接休息。

这里需要注意，每个人的工作性质不同，精力状态也不同，就好比我的精力是一块 2000 毫安时的电池，而很多人的只是 1200 毫安时。你需要根据自己的实际电量分配任务。

最重要的是，大家一定要确保自己的钻石时间投资在最重要、最有价值的事情上。我最开始工作时，不管精力值如何，都优先处理邮件，被邮件推着走，大把的钻石时间和黄金时间全部用在了处理邮件上，晚上回到家，即使有点时间也都质量不佳，练英语听力时一不小心就睡着了；也不要像某些随意型时间管理者，把自己的钻石时间段和黄金时间段都留给别人，自己的事情被拖到青铜时间。大家要像爱惜钻石和黄金一样，爱惜你的钻石时间和黄金时间，如此才能不辜负自己的宝贵时间资产。

第六步

打造投资环境，升级时间资产质量

在第五步“盘点时间资产”中，我们强调了钻石时间是非常宝贵的资产，钻石时间和青铜时间的投资回报率是不可同日而语的。那么，有什么办法可以升级我们的时间资产品质，把低品质时间升级为钻石时间呢？可以借助环境的打造。在投资中，所有投资人都会考虑当下的投资环境，比如自然因素、社会因素、经济要素、政治法律等，投资人需要看清局势、适应环境，为资产增值。对于时间投资，第六步是学会打造投资环境，我们不仅可以顺应环境，也可以主动选择或创造适合自己的环境，让环境为自己赋能，赢得更高的回报率。

打造高效和专注的投资环境

每个人一天都有 24 小时，真正让时间产生价值的，不是时间本身，而是注意力，注意力在哪里，结果就在哪里。你的注意力决定了时间资产的质量。不可否认的是，环境会极大影响我们的注意力，在一个聒噪混乱的环境里，你很难拥有钻石时间资产。因此，在时间的投资中，给自己建立一个合适的环境很重要。

一　空间环境

1. 通风

有段时间工作很忙，为了节省时间，中午饭都靠外卖解决，这样我一整天都可以待在办公室。连续几天下来，我发现，每到下午四五点钟就开始头晕，也找不到具体的原因。后来，我发现只要中午出去吃饭，这种头晕的现象就不再出现了。我才意识到，头晕是因为太久没呼吸到新鲜空气。这是我第一次亲身体会到“室内空气质量”的重要性。你可能也有过类似的体验，比如在图书馆学习，早上的时候脑子很清醒，运转速度赶得上奔驰汽车，但是临近晚上，大脑运转得就像老牛车了。其实，这些现象背后的原因很简单：大脑缺氧。大脑是全身耗氧量最大的器官，大脑只占身体重量的 2.5%—3%，耗氧量却占全身总耗氧量的 25%，尤其是进行高强度脑力活动时，对氧气的需求量更大。通风可以在一定程度上保证空气中的氧气浓度，保证大脑高效运转。尤其在北方的冬天、南方的夏天，大家开着暖气或冷气，门窗紧闭，对于脑力工作者非常不友好。强烈建议你每隔一段时间就开开窗，即使没条件通风，也要主动出去室外呼吸新鲜空气。

2. 采光

我们每天的状态都受到昼夜节律的影响。昼夜节律是内置在我们体内的时钟，影响着我们什么时候精神状态最佳，什么时候想睡觉。而影响这个时钟最关键的因素就是光线。当环境过于昏暗，我们体内就会分泌褪黑素，让我们昏昏欲睡。光线足则会促进血清素分泌，让我们保持更好的专注力和灵敏度。因此，室内采光对于提升效率非常重要。如果室内采光不好，可以借助灯光，选择灯光的时候**尽量选择频谱宽（更接近日光）、频闪低的灯光**。频闪过高会导致眼睛疲劳甚至头疼。

3. 整洁

有研究证实，环境越整洁，人越容易进入心流（Mental Flow）★状态。

心理学知识小卡片

★ 心流

心流指的是当人们沉浸在当下工作或目标中，全神贯注并享受其中而体验到的一种精神状态，由积极心理学家米哈里・契克森米哈赖提出。心流产生时，人们注意力高度集中，会伴有高度的兴奋感和充实感，忘记时间的流逝。比如很多人在玩电子游戏时，会完全沉浸在游戏中，完全注意不到时间的流逝，这就是进入了心流状态。画家、作家在创作时，也常常进入这种心流状态。

这不难理解，当你的桌子上有各种吃的、用的杂物，又或者一大堆资料，无形中会给你带来诱惑或者压力。举个例子，你看到桌子上有一支坏掉的笔，马上想到我该去买一支新笔了，于是打开购物软件，这时候，你又突然想到，前天买的衣服快递到哪儿了……这样一圈下来，你的注意力就被带走了。又或者，你看到一堆需要整理的材料，压力如山崩般倾倒而来，马上变得心情烦躁。所以，一般我工作时，工作台只留一台笔记本电脑和一个笔袋。当然，如果你是从事创作型工作，杂乱的环境或许更有助于你创造力的发挥。

4. 声音

每个人对声音的敏感度不一样。我在线上讲课时，会有学员说："Luna，我只听你窗外的鸟叫声了，根本没法专注听你说话。"甚至我耳机线稍微动一下，有学员都会好奇……如果你很容易被声音影响，可以借助降噪耳机或者耳塞。

二　物理环境

我们在工作时，难免会受到手机、电视、家人、同事等多种因素的干扰，如果我们想提高效率，就要主动去做一些物理隔离，创造一个不被干扰的环境。

1. 避免干扰因素

我们要观察和分析，哪些因素总是干扰我们的注意力。如果是手机，工作时可以把它锁进抽屉里。过去每次考试复习之前，我都会把手机扔在车上，只带一个能打电话能看时间的旧手机在身边。工作的时候，我会让手机远离工作桌。

如果是同事干扰，你可以戴上耳机，减少他们跟你闲聊的概率，甚至可以写张卡片放在桌子上：“专注工作中，非要事暂勿打扰”。如果是家人干扰，你可以去外面租个自习室。当你找到这些干扰因素的时候，也就有了相应的解决办法。

2. 避免干扰时间

这一点我们在前面“盘点时间资产”部分讲过，要分清自己的可控时间和不可控时间。我在澳洲时，跟国内有2小时时差，所以在上午10点前，一般很少被干扰，我会把需要高度专注的工作安排在这个时间段。又比如有很多宝妈学员，会选择早上早起，趁着孩子还没醒，去做重要又需要高度专注的事情。

三 信息环境

在这个时代，人们最不缺的是各类信息，尤其是电子信息。你接收到的信息会影响你的思维、情绪，直接影响到注意力的去处，也就是时间的投资方向。因此，如何有意识地去挑选和创造合适的信息环境非常重要。那么，如何应对这个信息爆炸的环境呢？

1. 做信息的掌控者，而不是被信息掌控

我有个朋友做社群运营，她的工作就离不开手机，每天要接收上万条的信息，一不小心就被淹没在里面。她不但运营社群，同时也是健身达人、二宝宝妈和写作者。她是如何兼顾的呢？她借助番茄钟，25 分钟内集中精力工作，不回复任何信息。两个番茄钟之间休息的 5 分钟，她会去社群大概浏览一下，看到重要信息就收藏，然后在晚些时候集中处理这些收藏的信息。她通过这种方式巧妙避免了整段时间被碎片化。很多人说自己有强迫症，看到有未读信息就必须点开，那你就是被信息掌控了。可以分析一下，为什么一定要及时回复信息呢？如果错过，产生的最坏后果是什么？你可以接受吗？以我的观察，对于大多数人来讲，晚半天回复消息并不会产生严重后果，如果真有紧急事件，对方会打电话。大多数人看见信息就必须立刻点开，有可能是形成习惯了，通过一段时间的物理隔离，即可改善；也有可能是自己本来就没有明确的轻重缓急之分，也没有明确的目标，有信息就赶紧处理，建议根据四象限法则，提前做好时间规划；还有可能是害怕晚回复得罪人，但这很可能只是你自己的想法，不代表对方的想法，并且你回复信息时只要真诚地解释一下，就可以避免误会。

2. 远离低性价比信息

之前我有个朋友把我拉进一个团购群，里面的东西的确物美价廉，但是如果你不想漏掉喜欢的产品，就得经常去关注信息。对我来讲，为了省一点钱耗费大量时间，不太值。除了购物群，还有一些微信学习社群，你以为里面有干货，其实干货密度很低，都是碎片信息。在这个信息冗余的时代，学会做减法、学会挑选信息格外重要，你需要把那些看似有用、其实低价值的信息，都剔除在注意力范围之外。

3. 选择高能信息，远离负面信息

情绪和思维是影响专注力的重要因素，所谓“近朱者赤，近墨者黑”，一个积极和高能的环境能够让你保持积极情绪和正向思维。这个时代，我们的圈子早已经不局限于只是身边的家人、同事。网络给我们更多的机会接触更多圈子的人，因此鉴别能力就更加重要。如果你细心观察，就可以看到每个圈子里的人聊天风格都不一样，比如同样是妈妈育儿群，有的群里的宝妈都在抱怨孩子多么不听话，婆婆多么固执，老公多么爱躺着刷手机；但是另外一个群的宝妈却在讨论自己如何以身作则，更好地影响孩子和家人。结果显而易见，在第一个群里你会悲观、沮丧，工作的专注力也会下降；在第二个群里你会更加积极、乐观、有行动力。

4. 减少信息“入侵”

在这个大数据时代，各大网站利用各种算法机制，总能在恰当的时机给你推送最感兴趣的内容，你很容易就掉进商家为你设计的“屏幕陷阱”，而你的注意力就成为商家的广告费或者流量费的来源。大家不要高估自己的自制力，我认为我的自我管理能力已经很强了，但有时还是一刷电子产品就忘记时间。过度使用电子产品除了消耗时间，还会“损害”大脑。如果把我们的大脑比作电脑，当电脑接收太多信息，程序开太多的时候，运行速度就会变慢，如果不小心点开错误信息，说不定还会中毒，储存一堆垃圾文件在电脑里。同理，当我们的大脑长期被电子碎片信息占据的时候，大脑会逐渐习惯这些“少思考、高刺激”的模式，在工作时无法专注和深度思考。所以，我会用一些办法，来尽量减少屏幕使用时间，减少信息入侵。

首先，我手机上“有诱惑力”的手机应用是很少的，即使有一两个，我也会关闭自动推送。当你把各种手机应用的推送和提示关掉，就可以释放出很大一部分注意力来。**我还给自己立了一个规矩：这类软件不在太舒服的地方用。**什么意思呢？举个例子，我绝不会躺在床上看视频，因为在床上太舒服了，一不小心时间就溜走了。我打开购物软件的时候，大部分是在厕所，并且是在有必须要买的东西的时候才会打开。即便是刷手机，我都是**饭后站着刷**，站累了也就不想刷了。我还有一类时间会允许自己刷手机，是在我精力不好、需要放空的时间。比如以前放学回家的路上，上了一天课很累，看不进去书，这个时候我会听听歌或者刷个视频，这个路程时间是恒定的，只有15—20 分钟，下了车就直接把手机收起来。总结一下，我使用这些有吸引力的软件的大原则，**一是我不让自己太舒服地使用，二是有一个使用电子产品的固定时间段。**

除了一些有诱惑力的手机应用，有学员跟我反映，说自己每天花很多时间刷朋友圈。反观自己，经过长期记录发现了一个规律：当我没有留足够多的时间给自己时，我会很喜欢刷朋友圈。

所以，我会每天安排一段“完全属于自己的时光”，跟自己对话，或者做点什么取悦自己。还有一种情况，是我真正的社交很少的时候，会通过这个方式来看看大家都过得怎么样，外面发生了什么。其实这个时候，需要做的是真正走出去，或者花点时间给老友打个电话，而不是自己躲在朋友圈里消耗时光。

我发现还有一类人是习惯性地刷手机，只要不知道做什么了，就顺手拿起手机。这已经成为一种无意识的习惯。那么，我建议你给自己设置一些规矩，比如把手机放在不容易拿到的地方，或者安装限制屏幕使用时间的软件。

人是环境的产物，做资产投资时，你很难不被周边环境影响，在时间投资上也一样。如果你想提高自己的时间资产质量，可以通过保持空间环境的舒适、安静，隔离那些打扰你的人和物，主动选择和减少接触电子信息，为自己打造一个高效专注的环境，成为注意力的主人。

生理时钟：顺应内在节奏，升级时间资产质量

话说，当新的一年开始时，你有没有给自己打鸡血、发下宏愿的经历？对于很多人来说，打鸡血首先就要早起。

我记得有一段时间，看到满屏幕的小伙伴都是四五点起床的，我瞬间感觉压力爆棚——毕竟，我是个研究时间效率的教练，怎么能输在起床上呢？于是，我试图把闹钟一点点调早，

满心欢喜地早起阅读、学习。第一天，我就发现：早上八九点的时候会异常疲惫，仿佛大脑在说：我累了，我不想工作。而此刻的床，像甜品一样对我充满吸引力。甚至有一天，我看下一辆公交车还有十几分钟，便把自己扔到床上休息了一会儿，当我的身体接触到床的一刹那，瞬间就睡着了，当然结果就是错过了上课时间……大部分时间，我都是拖着疲惫的身体去上课，双脚就像是灌了铅。上午 10 点半，我的头脑昏昏沉沉，老师在黑板上写的公式和文字都好像是催眠的符号，一节课听得头晕目眩。直到下午 1 点下课，我才觉得脑袋慢慢变得清醒。为了改善这种情况，我曾企图在上午八九点加一段运动或者一杯咖啡，效果都不令人满意。

早起之后，跟之前的工作量一对比，其实并没有关键性飞跃式的进步。虽然是每天多了一段工作时间，但是处于半睡半醒状态，只能用来逗猫和洗衣服，就连给我妈打电话她都嫌弃我精神不好。究竟哪儿错了呢？

是生理时钟。

什么是生理时钟？

生理时钟象征着你的体内激素和酶的消长，也是一天 24 小时之中的变化循环，也叫昼夜节律[①]。换句话说，生理时钟是

---

① 〔美〕迈克尔·布劳斯著：《四型生理时钟》，长沙，湖南文艺出版社 2017 年版。

我们身体激素状态水平配合各种工作的使用说明书，而我强迫自己早起，相当于背离说明书，逆着自己的生理时钟，造成作息失调[①]。

在时间投资上，我们不仅要顺应外部环境趋势，更要顺应内部身体环境的规律。很多早起者追求时间“量”上的满足感，但忽视了时间的“质”，生生把原来的钻石时间变成了青铜时间。反之，如果顺应身体内在的节奏，你就可以升级自己的时间资产品质，创造出更多的钻石时间。生理时钟就是专属于你的“节奏”，遵循生理时钟等于在自己的主场打仗，让你在时间投资上事半功倍。

如何了解自己的生理时钟呢?

美国著名睡眠专家迈克尔·布劳斯（Michael Breus）有一套成熟的测试体系。你可以去买他的书《四型生理时钟》，或者去我的公众号，输入“生理时钟”进行测试[②]。

任何测试和数据都有异常值（Outlier），可是我觉得，这套测试的异常值非常小。目前我已经让上千人做过测试，还没有见过存在异常值的数据，即便是那些常年熬夜的人，按照这个调整作息，整体的效能和个人表现也会提高。

---

① 作息失调：是指社会作息和生理作息不同步时，对健康、专注力、活力的负面影响。

② 搜索微信公众号“Luna 高级精力管理教练”。

生理时钟会变吗？

会的，一个人的生理时钟会根据年龄变化。各年龄层的主要作息如下。

新生儿	狼型
幼儿	狮型
学龄儿童	狮型 / 熊型
青少年	狼型
成年人	熊型
老年人	狮型 / 海豚型

这个表的结果一定准确吗？我告诉大家一个愚蠢的故事。我觉得自己是个成年人，应该是熊型吧？可实际情况是，有一段时间我生活极其健康，轻断食、吃有机食品、闭关学习、不与外界联系、亲近自然环境，严格遵守熊型作息……可惜，现实给了我一个大嘴巴，这段时间我每天都状态不佳。直到我重新调整回狼型作息，才恢复到精力满满的状态。

后来我请教了一些专家老师才知道，原来这和人体的新陈代谢年龄有很大关系。我的生理代谢年龄长期在 13—19 岁之间游走，所以是狼型也不足为奇。

一定完全按照建议作息来吗？

我只能说按照你的作息，可以让你赢得更轻松。如果有特殊情况可以配合一些技巧，调整自己的作息和安排。但我自己 80% 的时间都按照作息生活。

说实话，除了自由职业者，现在生活节奏这么快，普通上班族很难完全遵照生理时钟。我们可以根据作息表稍作调整，但我会重点关注 6 个点，尽量让它们在最合适的时段：

1. 睡觉和起床时间能否支持我一天精力满满。
2. 最专注高效的时间段，我会格外珍惜。
3. 最适合小睡的时间段。
4. 最不适合吃点心的时间。
5. 运动时间。
6. 适合沟通讨论的时段。

你的作息越规律，生理时钟就会越匹配。如果之前作息一直不规律，可以按照推荐作息表来逐步调整。

生理时钟，是你内在身体环境变化规律的说明书，顺应规律，掌握趋势，才能升级你的时间资产质量，帮你在投资场上赢得漂亮。

番茄钟：建立一个高效和专注的心锚

关于升级时间资产质量，我们前面提到可以打造一个良好的外在环境，也可以顺应内在天然的身体环境规律（生理时钟），此外，你还可以通过刻意练习，人为地打造一个提高时间质量的内在环境。如何做呢？——使用番茄钟。

番茄工作法是一个几乎尽人皆知的提高专注力的经典方法，最早由意大利人弗朗西斯科·西里洛（Francesco Cirillo）于1992年创立。基本原理很简单：每工作25分钟（即一个番茄时间），休息5分钟。在这25分钟内专注于工作，中间不做任何与该任务无关的事情。每工作4个番茄时间需要一个较长的休息时间，比如15分钟。我们通过使用番茄钟回避外界干扰，并制造一种紧迫感，从而提升注意力。

既然大家都知道这个方法，为什么我还要提呢？因为很多人不了解的是：**番茄钟的最高意义是建立专注、静心、高效工作状态的心锚★**。这是一个人为打造内在环境、提高时间品质的简单实用的方法。

心理学知识小卡片

★ 心锚

心锚是条件反射的一种，这个理论最早由著名的先驱俄国生理学家伊万·巴甫洛夫（Ivan Pavlov）提出。1904年，他进行了著名的“铃声与狗的进食实验”：他做实验时，每隔固定的时间段会给狗一种刺激，比如让它听到一种声音，然后再给狗食物。在此之前，对狗而言，声音和分泌唾液没任何关系。狗听到声音最大的反应仅仅是竖起耳朵，转动脑袋，对声音进行定位。然而，随着声音与食物的反复匹配，定向反应停止了，唾液分泌却出现了。巴甫洛夫后来又通过采用一些其他中性的刺激，比如灯光和节拍器，演示了这种效应的普遍性。通过该实验，证实了狗可以接受训练而产生某种预设前提的条件反射。

你有没有这种体验：当你听到某一首歌，或者吃到某种美食，就会回想起一桩往事，心头涌上某种情绪？你可能会回想起，这首歌正是跟初恋热恋时最喜欢听的歌，这种美食是跟他/她逛街每次都买的小吃，内心泛起一种温暖或者淡淡的忧伤，即俗话说的“触景生情”。我们把一个事物或者动作与某种情绪或状态之间建立起来的这种链接叫作“心锚”。刚才提到引起你情绪的歌或者美食，就是条件反射的触发点。**这个链接被触发和重复使用的次数越多，心锚产生的效果就会越强。**

同理，我们也可以通过番茄钟建立一个专注高效的心锚。在巴甫洛夫关于狗的经典实验中，经过训练的狗一看见铃铛就会流口水。我们也可以通过训练，让自己一打开番茄钟，就自然而然进入专注状态。当然，这种条件反射不是一朝一夕就能建立的，建立心锚也需要一个过程。一开始用番茄钟训练专注力的时候，不要经常去看手机，或者磨磨蹭蹭，当你进入了专注高效的状态后再使用番茄钟，就相当于给这个心锚的链接充值。当这个链接过程被多次重复，你的心锚的效果会越发明显。

所以，虽然我现在的专注力已经不依赖于番茄钟，但是偶尔还会使用番茄钟，目的就是给这个心锚充值。

充值是为了什么？当然是为了消费。当我状态不好的时候，也会拿出番茄钟来，自然而然就容易达到一个比较好的状态。

发现番茄钟的这个用法，是在 2020 年的疫情期间。我发现很多学员工作效率变得很低，情绪也受到影响。我一问才知道，原来是因为他们在家里没办法专注办公。我看了下自己，感觉自己工作状态还不错，我才反应过来，他们习惯的高效专注环境是办公室或者咖啡店，已经不知不觉将自己的专注状态和环境建立了链接。而我却拥有番茄钟这个“神器”。我之前也不是天天在家里办公的，我会去学校或者小区的图书馆，但这都不是我保持专注的必要条件。如果你专注的必需条件很多，那么你专注的可获成本就有点高。而番茄钟只需要传统计时器或者手机应用，都很方便。因此，相对而言，番茄钟的性价比要高得多。

使用番茄钟的常见大坑及使用建议

番茄钟的原理和使用方法都很简单，但我发现很多学员在使用番茄钟时，会犯一些错误。我总结了常见的错误，并给出了一些使用原则，供你参考。

1. 目标拆分

很多人一打番茄钟就直接开始计时，随便拿个任务就开始了。其实，更好的方式是先拆解工作任务，把它分解为几个小项目，并与番茄钟相匹配。注意，是让番茄钟来匹配项目，而不是为了适应番茄钟而随意拆分项目。

以我录一节微课程的流程来举例：列大纲、整合资料（1 个番茄钟）—文字稿（4 个番茄钟）—录视频（2 个番茄钟）。

这样做有什么好处呢？

第一，经过目标拆分，你可以更好地掌握一个任务所需要的时间，方便下次做调整和记录。比如，我发现列大纲、整合资料的任务，1 个番茄钟的时长完不成，那么，下次就预留 2 个番茄钟的时长。经过不断记录和分析，你对时间的掌控力会越来越强。

第二，改善因畏难情绪产生的拖延和焦虑。如果让你直接搬一块 200 斤的大石头，你会感到为难、想逃避，但是把它凿开，分成 50 块小石头，是不是感觉轻松了很多呢？当我们把任务拆解清楚的时候，我们内心的掌控感会增强，焦虑和拖延的现象就会缓解。

2. 番茄钟的时长因人而异，因状态而异

很多人以为一个番茄钟一定是 25 分钟，其实不然。番茄钟的时长应根据你自身的注意力状况而定。有人通过刻意练习，专注时间可以达到 40 分钟甚至更长。对他们而言，25 分钟的铃声是一种打扰。反之，如果你刚开始专注力较弱，比如有些人一读书就走神儿，也可以从更短的时间开始，比如 10 分钟。

3. 自由使用番茄钟

很多人一听到番茄钟响起，立刻停下工作去休息，这完全没必要。尤其是在你状态很好，并且任务马上完成的时候，可以等完成工作再休息。否则，休息完重新进入工作状态，你会因为注意力切换而影响效率。

4. 番茄钟不是越多越好

番茄钟并不是每天都用，不是任何工作都要用。番茄钟会给人一种紧迫感，使人的精神处于高度紧张状态。我之前最多一天可以打 17 个番茄钟，但一天下来感觉要累瘫了。我有学员也跟我反馈，早上打了 4 个番茄钟，效率很高，心里美滋滋，但是后面 2 小时就直接崩溃了，什么都不想做，甚至一看见番茄钟就抵触。

究竟一天打多少个番茄钟呢？因人而异。首先这跟一个人的时感有关。对于一个时感是 1 小时的人，25 分钟的番茄钟对他是很不友好的。其次跟人的抗压性有关，倒计时给人一种紧迫感。最后还跟你的精力状态有关。当你的精力状态不足时，会出现比番茄钟所需要的高效状态低的情况，你会感觉很难受。

那什么时候才用呢？

对于刚开始刻意练习专注力的“小白”来说，可以只在自己精力状态好的时候使用。比如只在上午用，或者一天只打 3—5 个番茄钟，不要给自己压力，不要让自己想到这件事就有抵触情绪。这个时候给自己创造一个容易专注的环境也很重要，比如说干净的书桌，不被打扰的环境，远离手机。

对于一个已经建立了心锚的人，可以在自己一天中状态不好的时候使用。比如，我下午三四点钟是精力值偏低的时刻，如果遇上不得不做的艰巨任务，我就会用番茄钟来提升效率。你也可以在一个大项目的中间或者后面部分使用番茄钟。比如一个项目需要 3 小时，第一个小时状态好的时候，你可以先不用。第二个小时，你感觉比较疲倦了，就可以用番茄钟调整一下状态。

给高手的建议——终极的番茄自由

1. 专注力很好或者很容易进入心流的人，一个番茄钟尽量为 90—120 分钟，这是人身体的次昼夜节律，我们要尊重身体的使用说明。如果偶尔超过，那么接下来，你需要给自己安排一段休息时间，否则，不要期待接下来还能保持高效的状态。

2. 当你脱离番茄钟依然可以高效的时候，也记得偶尔给自己的“专注高效银行”充值。这样，你才能在状态不好的时候取款。

我认为番茄钟是最简单、性价比最高的建立内在专注环境、提高时间资产质量的工具。通过建立心锚，你可以把原来的低价值时间资产，迅速提升到黄金级或钻石级。然而，太多人在建立心锚之前，没看见效果就放弃了。但坚持下去，你一定会收获远超期待的复利。

第七步
制定时间投资目标和计划

全球最大的公募基金管理公司之一——美国先锋集团认为，开启成功投资的必要条件是建立明确的、合适的投资目标。一个明确而又可行的投资目标是投资者前行的投资灯塔，一份落地可执行的计划则是助你通向目的地的有效航线。对于时间资产的投资更是如此。因此，时间资产投资的第七步，是制定时间投资目标和计划。那么，如何设定目标和计划？如何保证目标和计划的落地执行？本章将重点揭晓这些问题的答案。

目标拆解：搭建从当下到未来的桥梁

哈佛大学有一项关于目标对人生影响的跟踪调查，跟踪对象是一群智力、学历、成长环境等各方面都差不多的人。调查结果发现，其中27%的人没有目标，60%的人有较模糊的目标，10%的人有清晰而短期的目标，只有3%的人有清晰而长期的目标。25年的跟踪结果显示：那3%拥有清晰而长期目标的人，

25年来不曾更改目标，朝着目标不懈努力，25年后几乎都成了社会各界的顶尖人士；那10%拥有清晰而短期目标的人，大多生活在社会的中上层，他们的短期目标不断被达成，生活状态稳步上升；那60%拥有较模糊目标的人群，几乎都生活在社会的中下层，他们能够安稳地生活与工作，但似乎都没什么特别的成就；那27%没有目标的人，几乎都生活在社会的最底层，25年来常常失业，靠社会救济，他们抱怨他人、抱怨单位。可见目标对人生幸福的重要性。

美国心理学家洛克（E.A.Locke）于1967年最先提出了“目标设置理论”（Goal Setting Theory），他认为**目标本身就具有激励作用，目标能把人的需要转变为动机，**使人们的行为朝着一定的方向努力，并**将自己的行为结果与既定的目标对照，及时进行调整和修正，**从而实现目标。

但又有人问：“现在大家都在说‘活在当下’，那‘活在当下’跟‘设置未来目标’是不是相悖的？”我的答案恰恰相反，好的目标和计划的设定，不仅不会让我们脱离当下，还能让我们更好地活在当下。活在当下并不是简单的及时行乐，简单保持着趋乐避苦的本能，而是**把长期目标拆解到每天可执行的小步骤，在当下全情投入到每一小步中。**

具体如何拆解呢？

我以我的目标为例，跟大家详细拆解，如何从当下，一步步走向人生向往的地方。

目标拆解步骤

1. 给生命轮排序，找到 3—5 年目标的重点

现阶段的我未婚，又因为生活在国外，对父母的陪伴有限，我会把父母关系放在后面，等时间和地点合适，重新调整其重要性。所以我的排序是：健康 > 自我成长 > 事业发展 > 父母。

2. 拆解长期目标

确定了重点后，我会**根据长期目标，来倒推和拆分目标。**这个目标拆分的过程，你可以自己做，但我更建议你去找相关领域已经做到的人帮你拆分。既然他已经做到了，证明他的方法是有效果的，你只需要稍加调整，再查看资源是否匹配，如果可行，就是一条不错的路径。以我的事业目标为例：我 5 年内想成为精力管理、个人成长领域的专家（具体目标细节的设置可参照 SMART 原则★，这里涉及个人隐私，我只抛砖引玉）。

目标管理知识小卡片

★ SMART 原则

SMART 原则是马里兰大学洛克教授在目标设置理论中总结出来的。

S=Specific（具体），也就是为了实现目标，你的行动计划是否清晰？

M=Measurable（可测量），你的目标最好是可观测的，客观的，而不是主观的。

A=Attainable（可实现的），你的目标的实现可能性有多大？

R=Relevant（有关联性的），你的目标与其他目标或者更大的目标是否相关联？

T=Time-bound（有截止日期的）。人为设置时间轴，你的计划什么时候开始，什么时候结束，有哪些关键时间节点？

（1）首先思考，在这个领域需要的核心技能有什么？

专业知识和技能：精力管理知识、教练技术、心理学知识。

软技能：沟通能力、个人影响力。

前面两年重点做知识储备和社交铺垫，后面三年持续扩大影响力，并服务企业客户。

（2）寻找对标人物：谁是这个行业领域的专家，已经活成你理想状态的人？

Linkedin（领英）、知乎、在行等各种付费平台，都可以搜索到相关的人。

第一步，看这个人的头衔，知道他学了什么，可以参考去学习。

第二步，付费约聊。了解关键步骤，寻找可复制的路径。比如我研究了一些有影响力的人，其中都有一个关键环节是出书，这也是我努力写书的原因之一。

注意，**找对标人物的成功路径时，要关注你和他的背景条**

件、可调用的资源是否匹配。比如，王健林把赚取1个亿当作小目标，对普通人来说，就不是一个小目标。我2019年有幸听过历史学家张宏杰老师的分享，他说了一句让我醍醐灌顶的话。他说，为什么我们都可以跟曾国藩学习？因为曾国藩"尚拙"，也就是对智商的要求不高。王阳明就不同了，此人极其聪慧，恐怕很多人是看不透的，更别说学习和模仿了。就类似，一个参加奥数比赛的人给你讲题，中间有太多步骤省略，你直接拿来用在普通考试的答卷上，可能不仅没解对题，还因为步骤省略丢失了本该有的得分点。

（3）资源匹配：时间、金钱、人脉是否支持你的目标和计划？

比如，如果你想成为世界级别的潜能大师，可能托尼·罗宾斯（Tony Robbins）是一个不错的学习对象，但你发现暂时付不起学费，于是就换成其他老师。也就是说，你的计划需要更符合你的自身条件，很多人刚开始都需要用时间换取金钱，然后再用金钱去交换所需的技能。人脉也是一样，如果你本身就是企业家，或是有非常有影响力的朋友，你就会更容易获得流量，但当你没有的时候，就需要时间、金钱去耕耘和交换。

3. 进一步拆解成当下小目标和行动计划

当确定了长期目标和大致路径之后，就要进一步拆解到短期目标和计划，如年、月、周、日计划。我确认了5年的目标是成为精力管理和个人成长领域的专家，接下来如何拆解到当下行动呢？我以拆解到半年和月计划为例。

第一，确定短期目标及行动（2021 年下半年）。

实现我的总目标，我要培养的核心技能包括专业知识技能（精力管理知识、心理学知识、教练技术）和软技能（沟通能力和个人影响力）。

我个人更喜欢一段时间内单独提升一个技能，而不是各个方面齐头并进。根据老师的开课时间，以及我的个人需求，我这半年的阶段性目标是：增加情绪相关的知识，以及提升教练技术。

在软技能方面（5 年目标是提升沟通能力和个人影响力），经过拆解后，下半年决定主要集中在两点：提升聆听能力和增加社交。

专业知识和技能提升计划：

<table>
<tr><th rowspan="2">总目标</th><th rowspan="2" colspan="2">核心技能</th><th rowspan="2">短期目标</th><th colspan="2">拆分到当下目标和行动计划</th></tr>
<tr><th>拆分到 2021 年下半年</th><th>拆分到月</th></tr>
<tr><td rowspan="4">5 年内做到精力管理、个人成长领域的专家</td><td rowspan="3">专业知识和技能</td><td rowspan="3">精力管理相关知识、教练技术、心理学相关知识</td><td rowspan="2">情绪知识</td><td>情绪课程（根据老师上课时间，定在 9 月）</td><td>9 月，每周三和周六，晚上 7：00—9：00 上课</td></tr>
<tr><td colspan="2">至少读完 7 本书（8—10 月读完）每天早上 6：00—6：30 阅读半小时</td></tr>
<tr><td>教练技术提升</td><td>教练技术课复盘（根据老师开课时间，定在 11 月）</td><td>11 月，每周六 / 周日上午 8：00—晚上 8：00 上课</td></tr>
<tr><td>软技能</td><td>沟通能力</td><td>重点提升聆听能力</td><td>通过个案复盘，以及和妈妈打电话，重点提升聆听能力</td><td>个案时间跟案主沟通确认，跟妈妈每周一或者周五打电话</td></tr>
</table>

续表

总目标	核心技能		短期目标	拆分到当下目标和行动计划	
				拆分到 2021 年下半年	拆分到月
5 年内做到精力管理、个人成长领域的专家	软技能	个人影响力	社交	每周为1个人赋能，情绪安慰或者技能分享；跟20个人产生深度连接——见面约聊，并互相“麻烦”	每月为 4 个人赋能，跟 3 个人见面约聊：预约别人的时间再沟通

当然，这个计划是为了服务自己，我并不会被计划框死。

以上就是我从目标到计划，从未来到当下的全流程。可以看出，这个目标是从大到小，从粗到细逐步拆解到当下可落实的行动，会综合时间和外界资源等各个因素。

当我们把未来想获得的收益，拆解到当下每一天的时间投资中，就搭建了一座从当下走向未来的桥梁。然后全身心地活在每一个当下时刻，认真地执行好每一个小步骤，未来的收获自然会到来。

游戏化目标：让你的目标自带动力

很多人都会有类似的疑问：我也设定了目标，可为什么我的目标总是无法实现？我的目标好像只是个摆设，与自己的行动根本无法挂钩？

因为你的目标没有阶梯，没有反馈，没有搭建好动力系统，那么它只是你头脑中的一座空中楼阁。其实好的目标自带动力系统，所以，我更喜欢构建游戏化目标。

什么是游戏化目标？

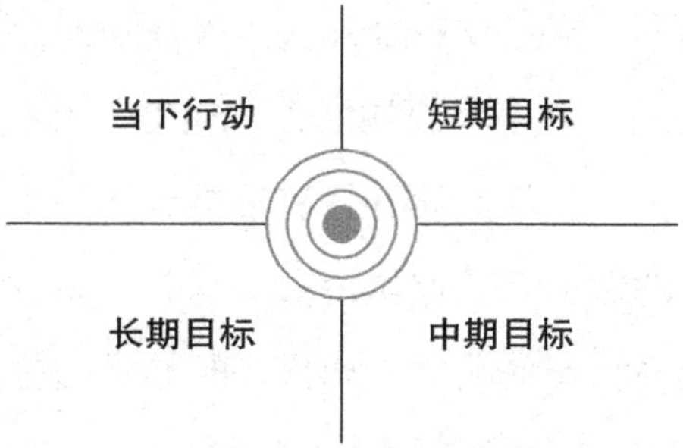

游戏化目标的构建

游戏化目标分为长期目标、中期目标、短期目标和当下行动。首先，长期目标让你知道自己想去的地方，在做取舍时拥有长线思维，这和巴菲特的10/10/10思维模型有异曲同工之妙。其次，中期目标让你的成功路径可视化，是从现在到未来的梯子。最后，短期目标和当下行动则关注当下重要且紧急的事情，让目标落地。

如何让目标自带动力？

为什么说游戏化目标自带动力呢？

第一，游戏化目标的设定，强调要把宏远目标拆解成阶段

性目标。就好比，你希望自己退休时拥有 1000 万元资产，那么就要拆解到每 10 年、每 5 年、每 1 年需要存多少钱，投资收益率达到多少。

为什么很多人的目标难以实现？因为他们的目标飘在空中，只可远观却无法走近，这样的目标带给你的可能是压力和无力感，而不是动力。毕竟你我皆凡人，无法一跃而起从地面跳到 10 楼，也不是站在金字塔顶端的人，提出一个目标，就有顾问团来帮你搭建梯子。我们只有将目标拆分成一个个小台阶，一步步走向期待的远方。就像玩游戏一样，一个没有经验、没有装备和没有大牛队友的玩家，如果一开始就去打游戏最大的反派也是必死无疑，都得一点一点地升级。

第二，当下小目标的设定非常重要。这个小目标需要你稍微踮一踮脚就能够到。为什么？因为目标够小，才容易完成。每当你完成一个小目标，你自身产生的多巴胺和内啡肽，会让你的大脑感到愉悦，这本身就是一个奖励。还记得前面提过的成瘾系统吗？成瘾系统的形成重点在于**及时强化和反馈奖励**。你每完成一次小目标，就相当于为你的“瘾”充了一次值，这个瘾越大，驱使你去做这件事情的动力也越大，那么，这个循环重复的次数越多，这条神经反应链就越牢固。一次次小目标的完成，会逐渐积累成你想要的大目标。

除了完成目标自带的奖励，我还会自我奖励。完成一个短期目标，我会奖励自己做个按摩，放个假，或者买个心仪已久的小物品，等等。这会加强正向反馈和大脑的愉悦感（但是对那些经常及时满足自己的人没有太大效果）。这就跟游戏里常用的反馈奖励机制一样，没有哪个游戏一个小任务完成后没有经验值和装备奖励的，这些装备的目的就是放大你的愉悦感。

其实游戏的设计就是成瘾系统 + 人的社交需求，我们也可以依据这些原理来设计自己的目标。如此，你的目标会自带动力，驱使你不断完成更多更大的目标。

如何让目标的动力系统更强劲?

如何让目标的动力系统更强劲，需要注意以下两点。

1. 永远不要立一个自己不相信的目标

如果你在潜意识层不相信目标会实现，那么它最终就真的难以实现。因为潜意识才是你人生的底片，会印刷出你的真实生活。举个例子，我有个创业的学员，她告诉我明年想达到的年收益目标是现在的 4 倍，但是自从设置了这个目标之后，她发现自己的行动力开始下降，平时很少看剧、刷微博的她，现在竟然克制不住地一天花好几个小时在电子产品上。她问我，自己为什么会变成这样。经我几轮提问，她才意识到，原来她从潜意识里就不相信自己能达到这个目标，本意是想设定一个高目标激励自己，没想到反而成了压力。注意，这里说的“潜意识相信的目标”，并不是说你的目标不能太大。有些人或许本来有实现目标的实力，但是他潜意识里不自信，对自己的能力和价值心存怀疑，那么他的目标也很难实现，这种情况下，不妨去考虑改写自己潜意识里的限制性信念，而不是直接去否定目标。

2. 不要随便拿别人的目标当成自己的目标

在学习成长的路上，我见过很多人，根本不知道自己想要什么。这或许跟我们的成长环境有关。小时候，我们很难有“自我意识”，耳边都是爸爸妈妈要求怎样，老师要求怎样。一个被过度保护或者过度指导的孩子，他不知道自己想要什么，而是被别人、社会价值观或者自己所在小团体的价值观和目标同化了。这会导致你设定了一个对自己没有吸引力的目标，你在执行的过程中是没有动力的。而当这个目标是你真正想要的，它会像磁铁一样，吸引着你披荆斩棘，这一路上，你可能也会吸引到意想不到的资源。

生活就像一场游戏，你可以去别人设置的游戏中挥霍时光，也可以主动为自己设置一场游戏，认真投资每一笔时间资产，从小目标到中期目标、长期目标，脚踏实地，带着每一次进步的喜悦，实现你的人生理想。

不知道自己想要什么，如何定义目标？

我们前面提到，你可以为自己设定一个长期目标，然后一步步拆解到当下，并在当下进行时间资产的投资。也提到，你一定要设置一个属于自己的目标，目标才会自带动力。但我们不得不承认，人和人是不一样的，有的人生来就知道自己想成为怎样的人，想过怎样的生活。有些人则不然，在我的课堂上，太多学员说：“老师，我没有目标，不知道想要什么。”其实，大多数人都是走着走着才知道自己想要活成什么样子。并且，这条找寻的路往往并非一马平川，可能需要弯弯绕绕走很多路。如何才能找到属于你的人生目标呢？我分享一点儿自己的经验。

一　尝试和体验

对于刚入职场的“小白”或者在校大学生，我认为并不需要着急去寻找人生目标。我很喜欢“Gap year”（间歇年）这个概念，并且我决定每7年就给自己一年的Gap year去读书或者旅行。为什么不建议一开始就去设定人生目标呢？我觉得一个人要尽可能地多去走走看看，体验不同的文化，去不同的国家，哪怕是在自己的城市也可以看看不同人的生活。当你没有见过生活的多种可能性的时候，你很难拍脑袋想出自己想要的样子。

现在互联网这么发达，你不用出门也可以了解到不同国家、不同地区的文化以及人们的生活状态。你想去了解某个群体或者职业，不需要花费多少精力就可以找到网上社群，也就是所谓的“混圈子”。你可以观察别人在做什么、聊什么，或者直接找感兴趣的人沟通。这个时代给予我们更多的机会和渠道去尝试和体验，不要浪费这些机会。当然，一千个人眼中有一千个哈姆雷特，如果有机会还是自己去体验一下更好。比如你对某个行业或者工作感兴趣，可利用业余时间申请去做志愿者或者实习生。除此之外还有一种朴实的方式——读书，读书算是性价比最高的认识世界和认识自我的方式了。

我认为看世界最好的方式就是把这几种方式都结合起来，通过书籍等静态的方式了解，通过社交、视频影像、旅行等动态的方式学习，当然最后还要亲自体验尝试。

二　寻找对标人物

我还会去寻找我羡慕和喜欢的人，可能是某个明星，也可能是某个博主。比如我喜欢艾莫·阿拉慕丁（Amal Alamuddin），她是英国籍黎巴嫩律师、社会活动家、作家，毕业于牛津大学和美国纽约大学法学院，与好莱坞老帅哥乔治·克鲁尼（George Clooney）结婚，于 2017 年生下一对龙凤胎。

我喜欢她什么呢？我喜欢的是她的状态和生活中的样子——拥有闪闪发光的事业，势均力敌的老公，幸福美满的家庭，优秀、睿智、高情商、学霸、美女等各种优点都在这个女人身上得以体现。我对她的喜欢纯粹是感性的喜欢。这种感性的喜欢里，很可能藏着我们人生向往的终极状态。

但是，在她身上，我并没有什么可以复制的路径。毕竟，我不想抛下自己的专业，跟她一样去做律师。我还有另一类喜欢，是理性的喜欢。比如时间管理领域里著名的作家劳拉·范德康（Laura vandekam）、台湾地区的李欣频老师、大陆的张萌萌姐等。我对这些人的喜欢就比较“势利”了，是有条件的喜欢：我认同劳拉在关于时间管理领域书籍中的大部分价值观；我喜欢欣频老师解读个案的能力和出书的速度；我也想要张萌萌姐的影响力和个人品牌能力。她们身上有我想要或者需要学习的硬本领。同样地，如果你对某个人很崇拜，那么你可以在他身上找到你想学习的硬本领，这些就可以成为你自我培养的重点。

三 回答一些自我教练的问题

最后，你可以去思考回答下面的问题，来帮你梳理出你想成为怎样的人、过怎样的一生。

1. 什么人或事，对你是非常重要的？（找出你的重要他人）

2. 你想要怎样过一生？怎样的生活让你觉得是成功的？

3. 你想对别人有什么样的影响？对孩子、老公、父母、同事、朋友等。（从不同身份角色出发，你想在这个角色上做到什么。）

4. 你希望别人怎样评价你的一生，或者你希望别人怎样撰写你的墓志铭？

5. 你生活的驱动力是什么？（可以从以下角度思考：你做什么的时候更容易沉浸其中，做什么让你比较有成就感，或者别人对你做什么的时候你感觉被激励？）

找个安静不被打扰的环境，拿几张白纸和一支笔。放空头脑，不要在意逻辑，也不用在意对错，跟随你的心，尽情书写你的答案。我想提醒的是，对这些问题，你可能不会一下子就有完美的答案。但是，只要你保持好奇心，持续地觉察和探索，每隔一段时间来重新回答这几个问题，你的答案就会逐渐明晰。

做计划的必要性

我的一个学员 Q，从来不做计划，跟我语音做个案咨询的时候经常迟到或者忘记，又或者跟其他事件冲突了。我问她，你是怎么记预约时间的？她说会设置微信提醒。可是，她设置的提醒在个案咨询即将开始的时候才提示，很多时候根本来不及。总之，她能否正常赴约就是个随机事件。我又问她，为什么不做个计划？她说，自己不喜欢太多事情都一目了然堆在眼前，会让自己很烦躁。再说，自己也不会做计划，做了也完不成。当然，她本身也是随心所欲的性格，不喜欢规划。

像 Q 一样不喜欢做计划的人很多，但原因各不相同，我总结了 4 种类型。

第一，逃避型。太多事情堆在眼前会让他们有心理压力，那就干脆不去做，眼不见心不烦。还有另外一类人，做计划时预期过高，24 小时安排了 72 小时都难以完成的事情，计划永远完不成。久而久之，他们不想面对自己的失败，也选择了逃避。

第二，随心所欲型。天性喜欢规划和有条理的人，还有天性喜欢随性而为的人，比如 Q，这类人不喜欢被计划束缚。

第三，迷之自信型。他们过分相信自己的大脑，认为自己不需要做计划，就可以把事情安排得井井有条。

第四，错误认知型。他们认为计划不如变化快，做计划没意义，或认为做计划浪费时间，等等。

做计划有必要吗?

做计划到底有没有必要，咱们依次来看。

对于逃避型，逃避事情太多的压迫感，或者逃避计划完不成的挫败感，这是自己的认知或者方法有问题，跟做计划这件事本身没有关系，不能“甩锅”到做计划上。

对于随心所欲型，喜欢自由自在没有问题，但是经常迟到、失约，就会给他人造成困扰。他们不喜欢做计划，本身对做计划也有一些误解，以为所有的计划都要精准到分秒。其实并非如此，不同性格的人，适合的做计划的方法也不同。一个时感 5 分钟、喜欢规划和有条理的人制订的计划，放在了一个随性的人身上，他可能会直接崩溃。而随心所欲型的人的计划，送给了喜欢条理的人，他的效率也会大打折扣。如果你本身喜欢自由和随性，只要把有预约和有截止日期的事情提前安排好就可以了。

对于迷之自信型和错误认知型，需要思考一个问题：做计划的意义是什么？

第一，做计划可以释放大脑内存。

我们每天要做的事情，如果不做计划，就需要大脑记忆，相当于把所有的事情都堆放在大脑的中央处理器（CPU）中。CPU本是用来负责运算的，代办清单的存储会占用后台资源，影响运算速度。如果你每天做的事情很单一，或许占用内存还少，但是一般成年人都身担几个角色，事情必然不会少。而做计划，相当于把要做的事情从 CPU 移出来，储存在 U 盘里，从而释放大脑内存。有人说做计划浪费时间，那么时间的背后是什么呢？是精力。精力决定了时间的质量，精力的投资使用主要是依靠大脑 CPU 的运算功能。比起写计划的几分钟时间，显然大脑的运算速度更重要。

第二，做计划帮你看见重点、分清主次。

把时间投资在哪里，才能收益最大化呢？一定是重要的、高价值的事情，包括重要紧急事件和重要不紧急事件。如果没有一个计划，我们就会被事情推着走，一直忙着做紧急事件，而真正有价值又不紧急的事情，就会一直被拖延甚至遗忘。

当做计划的时候，我会不断问自己：什么是最重要的事情？哪些最能产生价值？什么是可以外包的？我基本不会从最容易的事情开始，而是确保每天优先做重要的事情。

第三，做计划增加对时间的掌控感。

即使不算小时候记作业的小纸条，我也是名副其实做了14年计划，这样长时间地做计划，给我带来什么好处呢？是我对时间的掌控感。我有很多做事情的原始数据记录，因此我对自己一小时、一天、一周能做多少事情了如指掌。比如说，如果给你半个月的时间开发一门课程，你会不会感到焦虑，担心自己无法按时完成，又或者错误预估时间，前期过于松懈，后期时间紧迫？但是当我有原始数据做参考时，我会知道如何拆解任务，如何在半个月内有条不紊地完成。

猫叔说，时间就是你的命。其实在我看来对时间的掌控感，就是对生命的掌控感。如此，你才敢放声喊：我命由我不由天！

第四，做计划增加自我效能感[①]。

什么是自我效能感呢？自我效能感的提出者班杜拉将其定义为：人们对自身能否利用所拥有的技能去完成某项工作行为的自信程度。简单来说，就是你有多相信自己能完成这项任务。不夸张地讲，**一个人对某件事的自我效能感，对于他能否把这件事做成功，甚至是获得人生的成功起着至关重要的作用。**为何这么说？回想一下，当你确信自己有能力做好某项任务（即

---

① “自我效能”这一概念是由美国著名心理学家班杜拉于20世纪70年代在其著作《思想和行为的社会基础：社会认知论》中提出。

产生高度的自我效能感）时，你会不会更愿意努力去完成这个任务？反之，如果你觉得自己没机会成功，是不是更容易逃避和放弃？比如一个学生相信认真听课可以取得好成绩，就更愿意认真听讲和做作业，即使偶尔一次没考好，他也认为这只是暂时的，会继续努力。但是，如果一个学生在失败了几次后，就认为自己“根本不是学习的料”，那么他就不愿意再继续努力。

既然“自我效能”如此重要，那如何增强一个人的自我效能感呢？**我认为，没什么事比做计划更能提高一个人的自我效能感了。**为什么？

我们来看什么是“计划”。拆解开“计划”这两个汉字，“计”的表意是计算，“划”的表意是分割。那么，做计划，就是计算如何达成目标，以及将目标拆分成子目标的过程。**也就是，我们每一次做计划就是在管理一个项目，每一次做计划都是一次预估。**当你慢慢积累做计划的经验，一遍一遍去执行，**随着计划越来越准确，预估一次次被验证，你的自我效能感就会随之加强，当这个效能足够大，最后你得到的是对人生的掌控感和确定性。**

所以，到底有没有必要做计划？相信到这里你一定有了答案。做计划可以帮你释放大脑内存，增强时间掌控感，提高自我效能。所以，作为优秀的时间投资者，这么有意义的事，为什么不去做呢？

四项能力：做出一个成功的计划

说实话，做计划并不是一件轻而易举的事，很多时候，你一时兴起做了一个看起来令人心满意足的计划，但实操起来却啪啪打脸。为什么？因为一个成功的计划，需要你在践行中不断提升**收集信息的能力、看透本质的能力、自我评估的能力以及执行力**。但这些能力不是天生的，而是需要刻意练习的。

第一，做计划需要收集信息的能力。对一件事物的把控度，是建立在你所收集的信息之上的，所有的评估都要基于这些信息，信息收集的深度和广度直接影响着决策判断。比如在投资中，有经验的投资者会收集公司财报、国家政策、行业法律法规、企业大事件、企业文化等多方面资料，投资者了解的信息越全面越准确，他做出的投资就越有把握。投资场如此，战争中亦如此。最近正好在读《简读中国史：世界史坐标下的中国》，作者张宏杰老师在书里描述，泰国和缅甸在面对英国人的侵略时，反应截然不同："泰国小心而理智，努力收集外部信息，与殖民势力巧妙周旋，最后成为东南亚唯一没有沦为殖民地的国家。缅甸却粗率蛮干，战前盲目自大，战败又惊慌失措。"因此，如果你想做出一份合乎实际的计划，信息收集能力是必不可少的。

举个我事业上的例子。我的目标是成为世界顶级的教练，那么，我如何选择学派、老师和课程呢？首先，我搜集了市面上能找到的所有主要的学派，通过网络资料、书籍，再加上咨询从事这个领域的人，了解了不同学派以及机构的特点和擅长点，还亲自去做了体验，最后选中了ABNLP和ICF两个学派。其中ABNLP中的时间线疗法在潜意识层面是非常高效的，ICF在聆听和一些技巧方面很强，两者结合起来，正是我喜欢和需要的。选好学派后，就开始找学习机构和老师。在我的观念里，自己要成为世界顶级的教练，就要师从世界顶级的老师，于是我的第一个目标是找这个学派的创始人，然而这些老师因为年纪太大已经不开课，下一步我则搜索他们的优秀弟子，最后再结合自己所在的地理位置等因素，选择了一位在马来西亚的老师和两位在澳洲的老师，并配合学派创始人的视频资料一起学习。这些信息的搜集，保证了我学习的高效性，使我少走很多弯路。

第二，做计划需要看透事物本质的能力。《教父》里有一句经典台词，“那些花半秒钟就看透事物本质的人，和花一辈子都看不清事物本质的人，注定有截然不同的命运”。目标拆分的过程也需要你有看透本质的能力，**看透本质**，你才能在正确的方向上进行拆分。你的认知和实际之间的差距，就是你的认知差，你在执行计划的过程中需要为这个认知差买单。当你不断地去探究事物的本质，认知差越小，你的计划就越接近实际。前阵子我投资了一个小币种，按照我的投资逻辑，我本计划可以获利50%，但最终结果是亏损30%。我花了几天时间复盘，也没找到原因。后来，我的老师一语道破了本质：你的小币种走不出独立走势。什么意思呢？当时国家出台了一系列对比特币的监管政策，导致了市场恐慌，比特币大跌，且振幅较大。我不知道小币种会受到比特币的影响，于是没有及时卖出。但事实上，小币种无法完全摆脱比特币的影响走出独立走势。如果我早点看清这一点，就可以早点出手我的小币种获得盈利。这就是看透本质的重要性。

第三，做计划需要自我评估的能力。自我评估是什么呢？是**你对自己的身心状况、能力、性格特征，以及所处地位、与他人及社会关系的认识和评价。**首先你要对自己的综合实力做一个评价，这件事情你来完成需要多久，或者如果是需要团队配合的项目，这个团队大概需要多久。这里不仅需要自我认知，还需要资源认知。当你有了一个目标或是具体可操作的步骤的时候，你要做的是资源匹配，你自己或者团队的时间、金钱和资源如何分配到项目上。与实际的匹配度越高，执行的过程中偏差就越小。比如我在开课招生时，每次计划招生人数都是限额的，因为我清楚地知道自己的精力可以照顾到多少个学员，我的团队的运营效果在什么范围内可以达到最佳，以此来保证学员的高满意度，这些与准确的自我评估是分不开的。

第四，做计划需要执行力。计划再完美，不执行也只是空中楼阁。我见过很多学员，计划做得看似很合理，但一到执行时，就完全抛弃计划，把计划当成摆设。我在课堂上调侃大家，大家这种“言而无信、不守承诺”的行为，跟“渣男、渣女”有何区别？如何增加执行力呢？首先，你要对自己言而有信，对自己做出的计划负责。此外，吉恩·海登（Gene Hayden）说，**信念是执行力最本质的东西，是它的DNA。**他在《执行力是训练出来的》一书中说，“要相信目标是具有现实意义的，是可以实现的”。你只有相信，才会行动，所以，永远不要制订一个你不相信的计划。我认为还有一点很重要，就是这个目标和计划是你热爱的，那么它会自带执行力的DNA。人一旦碰到热爱的事，就好像面对自己生的孩子，很少有哪个妈妈不愿意照顾自己的孩子。

综上，完成一个计划就相当于完成一个项目，需要涉及收集信息的能力、看清事物本质的能力、自我评估的能力和执行力等各个方面。就比如说，我想扩大自己的个人影响力，我该如何设定一个可落地执行的计划呢？首先，我去搜集信息，找到并咨询了个人品牌领域的大咖猫叔，他是稻盛和夫系列书籍的营销顾问，自身的成绩足以为他背书。猫叔给我的建议是，通过写书来撬动个人影响力的杠杆。于是我就准备学习写作，把市面上很多老师的写作课程都搜了出来，然后做取舍和选择。如果我搜索的信息很片面，那么我就是站在一个不全面的信息上做筛选，很可能会错过适合我的课程，可以说是输在起跑线上了。哪类课程适合我呢？这就需要我有看透本质的能力。最终，我从市面上选了两个老师的课程，其中一个老师更侧重于创作内容，即怎样帮你把头脑中的东西导流到文档上，不让好的创意和想法“流产”。她认为书写的本质是创意，是让大脑里面自带生命力的作品生产出来，并梳理自己大脑的过程。另一门课程的老师讲的更多的是书写的技巧。你觉得哪个更接近书写的本质呢？相信你是有答案的。当然，这不代表技巧部分不重要。对于我这种写作“小白”来说，两者都是需要的。这个就是我的认知——道和术缺一不可，这两个课程可以互补，帮我完成目标。但是在特定的阶段，有孰轻孰重、孰先孰后的问题。接下来，进度就看我的自我评估和执行力了。我根据自己的时间和精力情况，安排每周写 5 个章节，周一到周五，每天预留 2 小时，写一个小章节 2000 字左右。刚开始还真有几天憋不出来的感觉，但是我知道这是有意义的事，这本书可以使更多人通过我的智慧得到帮助，我也相信我一定能完成，所以能够坚持下去。

一个计划需要涉及如此多的能力和智慧。所以，做计划不是一件一蹴而就的事，但是，只要你持续不断地去计划和执行，你收集信息的能力、看透事物本质的能力、自我评估的能力和执行力都会随之增强。而这些能力，又会进一步促进你的成长和进步。也正是如此，做计划才如此有魅力。

日计划：让你的目标落地开花

长期目标和短期目标做得再完美，都需要通过日计划去落地。如何做一个合理恰当的日计划，是一门需要不断修炼的技术。

如何做日计划呢？很多人提起做计划，会陷入一个误区，他们马上提笔做出一个满满的计划，美其名曰：目标够高，结果才不会差。事实上，我看到很多学员，计划做得越完美，越是无法坚持，因为计划完不成的挫败感，让他无法产生持续的动力。

心理学家马丁·塞利格曼（Martin Seligman）在宾夕法尼亚大学进行了长达22年的研究，他在《活出最乐观的自己》中提到：乐观性格是事业成功、生活幸福的最重要的品质。在工作和生活的方方面面，乐观的人的做事效率会更高。所以对于做计划这件事，非常重要的一点，是**先建立自信乐观的心态**。因此**首先，不是要做一个多么宏伟的计划，而是先做一个自己一定能完得成的计划，**建立起信心，提高自我效能，然后再一点点地把计划填满。

做日计划的步骤

日计划不是随便写的，是根据长期目标拆解成短期目标，从月计划、周计划到日计划逐步拆解来的。当然了，不是所有人都会有那么具体清晰的长远计划，也不是所有事都能做长远规划。大家只要把可以制订出长期目标的任务拆解好就可以。具体如何做呢？为了方便大家看我是如何拆解的，我把前面写的月计划搬过来。

（1）专业知识和技能

（a）11 月的教练技术课：按照老师上课的时间安排；

（b）阅读：时间基本固定在早上 6:00—6:30，这算是最低配置，是在任何情况下都能完成的。

（2）软技能

（a）聆听技能提升：个案咨询时间，一般按客户需求；给妈妈打电话是随机事件：周一和周五的概率大。

（b）社交：提前预约别人的时间再做沟通。

第一步，列出所有要做的事情。

分清什么是必须完成的（Must to do），什么是可以不做但做了更好的（Nice to do），当然还有些是做了也没多大意义的，就直接删掉。

比如我今天的任务，首先列个清单：

任务清单
阅读书籍《情绪》第二章
文章写作 1 节
录制小视频：理性消费
给妈妈打电话
教练技术课（下午 6:30—晚上 8:30）
舞蹈课（上午 9:30—中午 12:00）
幸福学课程学习
看电影《1/2 的魔法》

然后，我会在本子上直接给“选做的任务”进行标注。

日计划任务安排	
上午 6:00—6:30	阅读书籍《情绪》第二章
上午 8:00—9:30	文章写作 1 节
上午 9:30—中午 12:00	舞蹈课（在路上买饭）
	录制小视频：理性消费
	给妈妈打电话
	幸福学课程学习（选做）
下午 6:30—晚上 8:30	教练技术课
	看电影《1/2 的魔法》（选做）

第二步，进行优先级排序。

关于排序原则，我一般是**有预约的先安排，然后给紧急和重要的事情安排时间，紧急的事情尽早，重要的事情一定会安排在钻石或黄金时间段，其余事件随机安排**。因为最近沟通工作比较多，没有太多可控的时间。有些事情没写时间点，但也是按着顺序写的，你大概可以看出我在什么时间段做这件事。对于选做项目，可以根据情况随机调整。

第三步，估算项目花费的时间。

估算时间是很重要并且具有挑战性的一步。如何预估准确，让计划与真实情况无限趋近呢？要靠日复一日的**记录和复盘**。做计划，说到底是你的认知和真实世界对答案的过程：这个过程，你需要采集基础信息，然后由大脑对信息分析加工，对现有的时间资源进行评估，最后得出结果。**无数次的复盘就是你**

在收集自己的基础信息，并认真实践的过程。所以，做计划，一定要**形成一个闭环：计划—实施—复盘—再制订计划**。

普通人做计划，关注前半段，计划—实施—再计划—再实施。而高手则更强调后半段：复盘、调整后再计划。然而，据我观察，很多学员最容易卡在复盘这一步。如何在计划实施后，通过不断分析、对比、调整，让自己的时间评估更准确呢？我总结出四个步骤：**时间预估、差异分析、对比评估、参数对比**。以我录一节时间管理课为例：

1. 时间预估。先根据以往经验预估，做这件事情需要多久。比如，我预估录制一节课需要 2 小时。

2. 差异分析。差异 = 实际用时 – 预估用时。假如说，我 2 小时没完成，而是用了 3 小时。那么我会分析，是什么原因呢？原来我对录制工具不太熟悉，耽误了时间，这算是**可控因素**。下次，我记得提前熟悉工具就好了。当然，还可能遇到**不可控因素**，比如突然遇到个案咨询的案主来找我。对于可控因素，我会记录、分析，寻找对策。对于不可控因素，仅记录即可。

3. 对比评估。这个系列课程大概录制了 1 周以后，我会回看，平均录一节课需要多久。这就得到一个具有参考意义的数值。我下次再录制相似的课程，内心就有了参考值。

4. 参数对比。假设下次我要录精力管理课，那么录时间管理课的时间参数是否可参考呢？我会进一步拆分，录时间管理课，包括什么环节：列大纲、做 PPT、录音。那么各个环节需要多久呢？列大纲 30 分钟，做 PPT 50 分钟，录音 40 分钟。我录精力管理课也是相似的环节，只是，精力管理课程内容比时间管理课多 1 倍，那么，我做 PPT 和录音的时间都会翻倍。

经过这样的多次循环，你会积累越来越多的参考数据，你预估时间的准确度也会越来越高。当然，一开始你可能觉得有些复杂，甚至觉得麻烦，也无法分析得这么细致，但希望你有这个概念，由粗到细，让你的计划越来越精确。

做日计划常见问题

关于做计划，有一些在学员中特别常见的问题，跟大家分享一下我的看法。

1. 做计划之前，先看清你的固定模式

有人可能听过“认知吝啬”这个词，什么意思呢？本质上是指你的大脑习惯使用默认启发模式的系统加工方式来处理所有的事情。就好像你走路时总习惯先迈右脚（或者左脚）；两手相扣时，总喜欢右手大拇指压住左手大拇指（或者相反），这些都是无意识的默认模式。在做计划这件事上，你也有自己默认的启发加工模式。比如，有人喜欢先做简单的事，有人喜欢从最难的事做起，有人喜欢先娱乐再工作，有人喜欢先忙完再娱乐，有人认为只有整块时间才能安排工作，有人碎片时间也会做好安排……那么，在做计划这件事上，你的默认启发模式是什么？在做计划之前，先觉察自己的惯用模式，分析是否合理。

否则，你做计划的水平，会因为惯性而被卡在瓶颈，无法持续进步。

2. 做计划，一定要留白

虽然我多次强调做计划要留白，但很多学员还是恨不得一天 24 小时都计划得满满当当。这种过度自信会导致什么问题呢？一个任务完不成，后面每个任务都受到影响，最终带来的是计划完不成。人们往往会低估完成一个任务所面临的挑战，因此出现上述情况绝对不是小概率事件。

在这里给大家两个建议：第一，是只做 70% 的计划。如果你每天能工作 8 小时，那么我只计划 5—6 小时的事情。第二，是把你原来一项任务的计划时间乘以 1.35—1.5。比如原来你认为做一个 PPT 需要 1 小时，现在请你把它写成 1.5 小时。

3. 把要培养的好习惯，加入到你的计划中

有句话说，人的前半生都在养成习惯，后半生被习惯养成。那些你每天坚持做的事情，比你偶尔要做的事情重要得多。在做计划时，我都请学员先写下最重要的“三只青蛙”★。那么，你每天的“三只青蛙”里，有没有重要但不紧急的事情呢？比如说阅读、运动、冥想等习惯。我建议你认真审视你的“三只青蛙”，找一项这样的习惯，一直持续地坚持下去，你将会因此受益一生。

目标管理知识小卡片

★"三只青蛙"

"三只青蛙"法由时间管理大师博恩·崔西（Brian Tracy）提出。他在《吃掉那只青蛙：博恩·崔西的高效时间管理法则》中说："你得找出一天、一周、一个月、一年、一生中最重要的三件事，它们就是你必须吃掉的'三只青蛙'。如果你必须连着吃掉三只青蛙，记得要先吃掉最大、最丑的那只。"通过使用"三只青蛙"法，可以帮我们把时间花在最重要的地方。

4. 每天都有投资快乐的计划

其实我们普通人 80% 的时间都在处理一些日常的琐事，但另外 20% 的时间我们会感到快乐或失落，这 20% 的时间在很大程度上决定了我们生活的幸福指数。幸福是一种能力，取决于我们取悦自己的水平和发现美的眼睛。所以，我希望大家在做计划的过程中，每天给自己留一点时间，与自己相处，哄自己开心。

5. 一种提高生产率的计划方式

固定频率是一个特别简单的提高生产率的方式。如果把自己想象成一辆车，我们知道，车在高速路上匀速直线运动的时候是最省油的。当你不停上坡下坡、起步停车时是最耗油的。其实人也是一样，相对固定的工作频率可以提高我们的生产率。

当然，我并不是说每天都要做一模一样的事，毕竟你今天的工作和昨天的工作不可能完全一样。但是，我会考虑把同一类的事情安排在相同的时间，比如，我会每天留一段固定的思考时间、一段固定的运动时间。

总结一下，如何做一个让目标落地开花的日计划？要先建立自信心，不贪多，不苛求完美，做一个一定可以完成的计划，等增强了自我效能以后，再做一个更丰富的计划。

做日计划时，首先要对一天的事情进行优先级排序：重要事件要优先安排。为了能让计划时间预估更加准确，需要有一个闭环思维，即计划—实施—复盘—再计划，其中复盘的步骤尤其重要，决定了你的时间预估是否准确。另外，做计划时，要注意跳出自己的固定模式，注意留白，把好习惯和快乐投资加入到你的计划中，还可以把一些固定的事情安排在固定的时间段以提高效率。当你对日计划越来越游刃有余时，你对人生也会更游刃有余。

日复盘：快速优化你的时间投资计划

为什么要每天写复盘？因为复盘本来就是计划中的一个环节，没有复盘，你的计划就无法迭代和升级，复盘是让你的投资计划不断完善的最佳捷径。然而，我发现太多人一头雾水，不知道从哪里入手去写日复盘。所以，我在这里做个更详细的拆解，大家可以顺着我给的思路去思考你的每日复盘。

如何写亮点?

复盘的第一点，是写下今日亮点。亮点包括什么呢？我一般会写这三方面的内容：

1. 我今天取得了什么进步？
2. 有什么事情值得感恩？
3. 今天什么事情令我开心？哪些可以放进我的“快乐收集器”？

在每日进步这里，我会写上当天的小突破。比如说今天早上我去修车，本来4S店要给我准备备用车。但是因为他们的工作失误，没有合适的备用车给我用。恰好4S店离我居住的地方特别远，打车的时间和金钱成本都非常高，我被困在了这里。按照我以往的性格，别人浪费我的时间，我肯定会有点生气。但这次我很平和地接受了这个事实，请他们送我去附近的商场，心情愉悦地度过了一天。这件事让我看到什么呢？是我对计划外事件（尤其是别人失误造成的计划外事件）的包容度又提升了许多，这就是值得记录的一个突破点。很多人都说自己没自信，其实当你每天看见一点点自己的小进步，这些小进步会带来更大的进步，逐步增加你的自信心。

记录感恩和开心的小事是为了增强感恩之心，增强幸福感。我某一天到了商场，在 SPA 店里遇到一位手法特别厉害的泰国按摩师，这是我目前在布里斯班体验过的最好的一次 SPA，特别开心。我还很幸运地遇到美甲店搞半价活动，美美地做了个指甲。这些都值得记录到我的每日亮点里。在这些令我开心的事情里，我会特别留意那些可以“复制”的事情，比如刚才说的 SPA，又或者听了一首特别喜欢的歌，我会把它们放进我的“快乐收集器”，这些都是我以后取悦自己的方式，当我某天心情不愉快了，或者想犒劳自己了，它们就是我改善情绪的工具包。

在这里很重要的一点是，我提倡大家先写亮点，再写反思。为什么呢？我是想让大家先看到自己的进步和喜悦，把今天美好的一面先设定到你的大脑频率里面，而不是先苛责自己。

如何写反思点?

日复盘的第二项是写反思。反思写什么呢？我的关注点在于计划为何没有完成。我在之前提到，做计划需要 4 种能力——搜集信息的能力、看透事物本质的能力、自我评估的能力以及执行力。那么对于今日计划的复盘，我也会从这四个角度分析，计划没完成具体是卡在了哪个点？是搜集信息不到位，没看清问题本质，没能准确评估资源，还是执行不到位？

比如，我最近往国内寄行李，为了方便，就寄到离我回国居住地最近的一位朋友那里。很巧的是，这位朋友不太了解国际快递的邮寄原则，给我的收件人姓名跟身份证上的姓名不一致。就因为这一个失误，我的行李现在还押在海关取不出来，请人来来回回跑断腿，最后很可能被退回到澳洲。如果我当时搜集信息时能够多了解一些海关邮寄规则，特意嘱咐我这位朋友，就不会出现这样的失误，这就是我收集信息不全面的后果。

又如，一个学员计划完不成，通过分析是因为每天都花大量时间刷手机，她用了很多改善方式都不见效，包括把手机隔离、卸载手机应用等，效果都很有限。后来我才发现，她忍不住看手机的根本原因是自己每天生活都很单一，围着工作、孩子、家庭转，没有自己的空间，没有社交，除了刷刷手机，生活中几乎没有其他快乐源头。后来，我建议她每天留一点时间独处，或者去做点新鲜事，跟朋友多交流，找到生活中更多的快乐源泉，这样她刷手机的时间就少了，每日计划也就能按时完成了。这个例子中，这个学员完不成计划，就是因为没看透事物本质。她完不成计划的本质原因不在于刷手机本身，而是生活节奏出了问题。

再如，你本来预估写一篇 2000 字的文章需要 2 小时，结果 4 小时都没完成，这就是一个对自我评估不准确的例子。比如我去修车，4S 店没有备用车给我，这就是对外部评估不准确的结果，下次可以提前打电话询问或者通过信息收集来解决。

如果你计划早起，但是犯懒了赖床；如果你计划运动，但是临时改成了去逛街，这些都是执行力不到位的情况。

当你从以上四个角度来反思自己计划未完成的原因，你就可以不断总结经验，在下一次计划时调整和改善，长此以往，你做出的计划会和现实越来越趋近。

以上，就是我写每日复盘的思路，每天写下亮点和反思，让你的时间投资计划能力在复盘中得到提高，让时间投资回报率得到攀升。

附　　录

1　我的四种作息安排

很多人会对我好奇："你作为一个时间和精力管理教练，每天都怎样安排作息啊？"

我算是一名自由职业者，大部分情况下，我可以自由安排自己的时间。当然，这里的自由是需要自律做基础的。根据我的工作时长和时间段，我给自己安排了 4 种日常作息，分别是 Apple Day（苹果假日），Banana Day（香蕉工作日），Orange day（橙子奋斗日），还有 Watermelon Day（西瓜战斗日）。为何这样命名呢？苹果果瓤的颜色最浅，然后香蕉、橙子颜色依次变深，颜色最深的是西瓜，类似交通的红绿灯和塞车情况的导航图。

根据我的习惯，每天工作时间可分为 4 块：

1. 早上　5:00—8:00 或 6:00—9:00

2. 中午　9:00—12:00 或 10:00—13:00

3. 下午　14:00—17:00 或 14:30—17:30

4. 晚上　19:30—21:30

Apple Day：是节假日的模式，或者是经过了一段时间的西瓜战斗日后的调整模式。一般情况下，我会早上早点起来，阅读或者学习及工作2—3小时，然后正常享受假期，比如跟爸妈去串亲戚、跟小伙伴逛街等。也不是说所有的苹果假日我都只专注工作2—3小时，如果晚上回来不累，也会看心情接着工作。

典型的 Apple Day

6:00　起床、洗漱、冥想、阅读

7:00—8:30　写书

8:30—9:30　阅读

9:30—外出吃早午餐、爬山、逛公园等

20:00—21:30　备课

Banana Day：这个模式下，我一天专注的时长大概是6个小时，分为两个时段。早上睡到自然醒，上午保证3个小时的专注时间，下午专注工作2个小时，然后去健身，晚上再专注工作一会儿。有的时候也会早上专注工作一会儿，上午去健身，下午和晚上专注学习和工作。这6个小时指的是纯粹专注的时间，另外还有一些其他非专注时间，比如为了所需要的资料准备和沟通的时间、课间休息，都不计入这6个小时。

典型的 Banana Day 1（上午和晚上学习工作）

6:00　起床、洗漱、冥想、阅读

7:30　早饭

8:30　备课看书

10:00—12:00　上课

下午—外出午餐、食品采购、洗澡、休息

17:00　晚饭、聊天

21:00—23:00　上课

23:00　洗漱

23:30　睡觉

典型的 Banana Day 2（上午和下午学习工作）

6:00　起床、洗漱、冥想、阅读

7:30　早饭

8:30—10:00　写书

10:00—11:30　学习幸福学课程

11:30　做家务

15:00—16:30　课程复盘

17:30　晚饭

18:00　打电话

19:00　复习舞蹈

19:30—22:10　跳舞及通勤

Orange Day：一天专注时长 8 小时。和 Banana Day 一样，早上大部分时候是睡到自然醒的，但区别在于，我需要用番茄钟，并且在计划本上很多事情是安排好具体时间点的，而 Banana Day 就只有少部分安排时间点（为最重要的“三只青蛙”安排好时间点）。一般 Orange Day 要做的事情相对较多，如果不刻意安排好，就很可能进入一个被动的状态。比如，有人发信息就放下手头的事去回复，过会儿再回来，就进入了一个多重线性工作的状态，影响工作效率。

典型的 Orange Day

6:00　起床、洗漱、冥想、阅读

7:30　早饭

8:30—10:00　写书

10:30　读书

14:00　午休

15:00　课程准备

21:00　开会准备

22:00—23:00　开会

非典型 Orange Day

6:00　起床、洗漱、冥想、阅读

7:30　早饭

8:30—10:00　写书

10:30—12:00　运动及通勤时间

14:30　知识星球写作

17:30　晚饭

19:00—21:00　读书备课

21:00　个案

Watermelon Day：跟 Orange Day 一样也是专注时间 8 小

时左右，但是总体工作时长比 Orange Day 长，而且任务的难度会更大。所以，这种作息下我会定闹铃起床，不然的话反而因为心里惦记而睡不好。西瓜日模式也是我的**战斗模式**。这个时候我会借力一切我可以借力的事情。比如只吃三明治或者简餐，不会给肠胃太大的负担；如果在家做饭，就煮点简单的，洗碗用洗碗机；选择的运动也不会消耗太多的体能，只保持适度运动。这种模式下，我会把所有的能量都留在当日的工作上。可以说，我在不同的作息模式下，饮食、睡眠、运动、社交等都是相互匹配的。

典型的 Watermelon Day

6:00　起床、洗漱、冥想、阅读

7:30　早饭

9:00—10:50　写作

10:50—11:00　看文件

11:00—11:30　开会

11:30—12:17　写作

12:30—13:00　听音频课程

13:00—13:30　呼吸训练

13:30—14:00　修改文章

14:00—15:00　午休、修改文章

15:00—16:30　录视频号

16:30—19:00　健身、晚饭

19:00—20:30 听课

20:30—21:30 个案

21:30 回复微信

22:00 各种打卡复盘

23:00 睡觉

可明显看到，Watermelon Day 的安排会很紧凑，而且时间点基本精确，自然是有一些压力的。

总的来说，我一年有 60% 的时间安排成 Banana Day 和 Orange Day。其实这两个模式对我来讲区别不大；20% 的时间为 Apple Day，用于休息和游学；2021 年出于疫情原因，Apple Day 比较少，大概只有 10%；正常情况下，一年有 20% 的 Watermelon Day，但今年工作量偏大，Watermelon Day 占到 30%，期待之后疫情结束会有所改变。这样的作息节奏，需要相对较好的精力状态与之匹配，尤其对于 Watermelon Day 这种模式，更需要足够的精力支持。这是我的 4 种作息模式，你有没有总结过你的模式呢？

2 常见的时间管理问题

1. 关于计划与变化。

（1）每次计划被打乱，就会心情烦躁，怎么办？

关于计划，很多人都有个误区，一旦做好了计划，就非常抵触变化，一有变化就会产生很多情绪，比如焦虑、烦躁，而这些情绪又会进一步影响效率。

首先，我们在认知上要清楚，做计划的目的是什么？是释放大脑内存，同时主动管理自己的时间，不被事情推着走，而不是让计划把我们框住。再者，变化本身就是计划的一部分，在开始做计划时，就需要有这个心理预期，主动接纳变化。一般而言，十六型人格中的 J 型人更抵触变化。但是，既然知道了这是自己的性格特点，就需要保持觉察，避免被性格绑架，对吗？

其次，你的计划是否有足够的留白？这部分留白，就是留给你的计划外事件的。

最后，你可以记录自己的计划外事件，一段时间后，你会发现，你的“计划外”也是有一定规律的。比如我总结出，我的年底和年初都特别忙，变化会很多，中间的 8 月到 10 月会相对轻松一些。又比如，我以前在公司工作时，发现月末那几天最忙，各种打电话找我要报告的人最多。并且，打电话的都是固定的那几个人。这样，我就可以提前做好规划，准备好那几个人的报告。当你掌握了规律，计划外事件就会越来越少，但不会绝对没有，不要期待自己可以完全掌控。

（2）一个计划被打乱，后面都乱了容易完不成，怎么办？

很多人都说，计划就像多米诺骨牌，一个计划被打乱了，整个计划就会被打乱，最后总有一项或者几项任务完不成。对此，要做的第一件事就是检查你的留白够不够，如果经常出现这种完不成的情况，请务必增加你的留白时间。

那当一个计划被打乱，接下来如何安排呢？举个例子，本来你上午打算完成一份报告，但临时被领导抓去开会，这份报告就无法按时完成了。第一种情况，对于内心比较稳定，不会对变化感到焦虑的人，就按顺序先完成报告。如果这会令你心烦意乱，那不妨先放下这份报告，继续按计划做别的事情。这件事可以下班后加班做完，又或者，直接从计划本里面划掉，再标记一个 R（表示重新安排了时间 Reschedule），然后写到明天的计划里。

（3）办公室杂事太多，计划总赶不上变化，自己要做的事情总是被迫拖到最后，怎么办？

除了留白，请思考一个问题，自己的事情为什么总是留到最后？是自己的事情不够重要吗？时间管理本是一场选择，看似被动，其实在一定程度上，是你主动选择了把自己的事情留在最后。我很多时候都会按照已定的安排，先吃掉“青蛙”，再来处理计划外的事件。这需要你有一定的心力，可以顶住压力，有能力拒绝别人的请求。

（4）计划的完成率太低了，怎么办？

对于刚开始做计划的人，我的建议是做一个“一定能完得成”的计划，先建立自信，不要让大脑习惯性地妥协。很多人都会高估自己一天可以做的事情，然后把计划做得太满，完不成计划还特别焦虑，久而久之就对做计划这件事很有抵触情绪，又或者产生自责情绪。其实，在正式做计划之前，你可以试运行几天，抱着做试验的态度来做个测试：计划可行吗？是不是还有要删减的地方？又或者，你最初可以先不计划，只是记录一段自己的时间流水账，对自己有个更好的了解，然后再做计划时，完成率自然能提升。

（5）我每次做计划，都习惯了不按照计划来，好像计划变成了个摆设？

跟那些不喜欢计划变动的人相反，这类人是太适应和习惯变化了，做计划这件事对他几乎没有约束力，他甚至会认为，计划把自己框住了。但是，这样有时候会影响效率，在团队中也会比较难合作。我的建议是从每天只做 2—3 件带着数量和时间点的计划，其余的给自己一些变动区间和空间。什么是“带着数量和时间点”呢？比如说想读书，不要写“读书”，而是写上“阅读 ×× 书 ×× 页，7:00—8:00”。注意，这样的计划事件从简单开始，一天内不要设定太多事件，但是一旦设定好了，就不要随意变动，坚决执行。

2. 我在时间管理方面，每紧一阵子，就要松懈一阵子，没办法持续和稳定？

首先我不认为这有什么问题，我们是人，不是机器，谁也不能一直开机工作，更何况，机器也需要时间保养。我认为适当的放松和休息是正常的，是为了更好地工作。

不过这个度需要自己把握好，有些人并不会真正放松。放松可以分为主动放松和被动放松。

主动放松是我主动给自己安排一段休息时间。关于放松的方式，每个人的形式会不同，比如有人喜欢去户外玩，有人喜欢见朋友，有人喜欢独处，这些都是很好的休息方式。你可以探索和积累几种让自己放松的方式，增加对自己的身心状态的了解，清楚自己的“使用说明书”。

被动放松则是完全不想工作，抵触情绪很大，拖延或者直接罢工。这时候的“松”，是因为你太长时间的“紧”，没有释放好自己的压力。这种情况，你可能发现自己只想“葛优躺”，没有节制地刷手机。又或者，很多人发现一到夜里就不睡觉，紧抓着手机不舍得放下。

一般而言，被动的放松会比主动的放松时间长，然后从这个“松弛”到你能正常工作的状态，还需要一段启动的时间，这种“松”有点类似于电脑死机的状态，需要花费时间重启。而主动的放松，更像电脑的休眠状态，按一下回车键就可以正常工作了。或许你感觉这个差距也不算大，可是，你要清楚，这种死机时间长了，会影响电脑性能。这个过程中是有副作用的，比如你会有沮丧、失落、无力等情绪，次数多了，你会觉得失去对自己的掌控力。

3. 如果一件事情没有完成，就总是惦记着，做其他事情也不能专注。

《深度工作》一书中有“注意力残留”这一概念。意思是说：当你从任务 A 转移到任务 B 时，你的注意力并没有即时转移，你的注意力仍然残留在原始任务上。如果在转移工作之前，你**对任务 A 缺乏控制且关注度较低，残留会尤其浓厚，**即使你在转移工作之前已经完成了任务 A，你的注意力还是会有一段分散的时间。

所以，我自己是**尽量一件事情完成了再去做另一件事情，尤其是重要的事情。**一般让你残留注意力的，多半是重要或者有压力的事情，而不会是订外卖、打印这种小事。不过这种小事情也会有一点儿残留。对于有残留的小事，我会选择马上处理掉，相信很多人都听说过 2 分钟定律，就是 2 分钟能解决掉的事情就马上解决掉，不要记录成待办事项。我自己看情况，一般 10 分钟以内能解决完的事情我都会尽量先解决掉。

如果形势所迫，不得不搁置之前未完成的工作，怎么办呢？我会在开始新任务前，给自己做一个切换，有两个方案。

第一种方案：我会去户外做几个深呼吸，蹦一蹦，或者在室内地板上做个极限挑战自己的平板支撑，或者哪怕是 10 分钟跳个尊巴（Zumba），**我会让大脑从工作状态切换成运动状态（充氧状态）**。长期冥想的高手，也可以通过一小会儿冥想来调整自己，放松大脑，静置一下之前的思绪。对于冥想“小白”来说，还是运动的方式比较好。

第二种方案：我切换工作内容时，还会切换工作环境。我自己也有两个类型的工作，所以我会在两个工作台上分区进行。我通过长时间的专注和训练早已经养成习惯，我早就在自己的工作状态和环境之间建立了一个心锚。具体可参考第五章，看有关环境塑造和番茄钟使用的部分。

4. 每天都感觉睡不够怎么办？起床困难，强迫自己醒来，精神又不好？

排除身体其他因素，仅从睡眠来讲，如果总觉得睡不够，一方面可能是睡眠时长的确不充分，另一方面则可能是醒来时间不对。睡眠可简单划分为快速眼动期和非快速眼动期，如果你在非快速眼动期醒来，会感觉很疲倦，严重的会产生头晕和恶心的感觉。

你可以在周末的时候不定闹钟，看自己睡多久早上会自然醒。然后以这个时间为参考，来倒推入睡时间以及设定闹钟时间。比如说，你需要睡 7.5 小时，早上最迟 7 点起床，那么，你把闹钟定在早上 7 点，而入睡时间定在晚上 11 点。如此，你可以睡够 7.5 小时，一般在早上 6 点半左右醒来。

有的人早上起来觉得疲累，还可能是因为缺水。经过一晚上睡眠，呼吸代谢掉了很多水分，因此感到疲惫，醒来喝一杯温水即可。

睡眠及精力是一个系统性问题，各因素之间相互影响，建议系统学习一下精力管理。

5. 每天都觉得很忙，时间不够用怎么办？

我非常喜欢的时间管理领域作家劳拉·范德康说："时间是有弹性的。我们不能创造更多时间，但是时间会自动调整去适应我们选择去做的事情”“我做的所有事情，我花的每分每秒，都是我的选择”。我们不可能做完所有的事情，因为事情根本是做不完的，所以，我们选择做的是非做不可的事情、有价值的事情。学会选择比全部做完更重要，这也是我们第七章讲时间投资原则的意义。

其实“忙”是一种心态，事情多并不代表忙，你依然可以游刃有余地去处理事情。先让心情变好再做事，是我一向的原则。

6. 一方面想要自己的时间，另一方面又想专注陪娃，觉得好难。

首先，建议你不要轻易地下结论，觉得“好难”。一旦有了这个结论，大脑很容易按照你给的结论去搜索证据，去印证你的“觉得好难”，而不是去想办法如何做到。

其次，时间是一种选择，每个人都可以选择自由安排，也可以选择抽出时间来陪娃。如果你真的认为这件事重要，你自然可以挤出时间。如果你统计一下自己每天刷手机的时间，或许就可以找到挤出来的时间。当然，我并不认为刷手机就是不好的，只是，我们都要为自己的选择负责。

另外，在陪伴孩子上，我认为短时但高效专注的陪伴比低质量、长时间的陪伴更有效。你可以试试先每天抽出 30 分钟进行高质量陪伴，而不是一边想着未完成的事，一边敷衍孩子，这样反而什么都做不好。

7. 早上的时间总是想做的太多，能做的太少，怎样提高效率呢？

建议你做减法，早上起得再早，时间也是有限的，我早上做的是重要的、最有价值的事情，而不是强求做多少事。

8. 碎片化时间没有办法用起来，如何解决？

建议你做一个碎片化时间清单。你 15 分钟可以干什么？ 10 分钟可以干什么？ 5 分钟可以干什么？ 3 分钟可以干什么？

比如我 15 分钟可以回复群消息、晾衣服、快速地打一个电话，或者看 1—2 份同学的作业。10 分钟可以给猫铲屎、刷牙洗脸，或者订外卖。5 分钟可以刷牙、煮水沏茶、擦桌子、把碗放到洗碗机里面，或者把衣服放进洗衣机。

当你有了一份碎片化时间清单，就知道碎片化时间可以干什么了。这个时间不是拍脑袋想出来的，是你记录时间得出来的。

还有一些人没办法利用碎片时间，是因为他对时间没有觉知，平时完全按照惯性在使用时间，有点空闲时间就习惯性拿起手机。通过记录一段时间，当你对自己的时间花销有所了解，你的碎片化时间就会显现出来，这些时间也就能利用起来了。

9. 我分配不好时间，经常重要的事情和不重要的事情眉毛胡子一把抓。

首先，每天列出来最重要的“三只青蛙”，尽最大的可能先把重要的“青蛙”解决。至少我早上会先解决一只，另外两只，我都会安排好时间，保证不被时间推着走，到最后没有时间做重要的“青蛙”。

其次，识别出你最重要的事情并且时刻记着，这一点非常重要。有些人很容易忘记最重要的事情，而不知不觉被邮件、电话等不重要的事推着走，导致眉毛胡子一把抓。因此，每天用四象限法则分析一下你的事情。刚开始可以把最重要的事情写下来，贴在明显的地方，让自己时刻能看到。

10. 知道每天的“三只青蛙”重要，但是有畏难情绪，经常最后才做或者不做。

如果你只是单纯的畏难，可以把“青蛙”分解成简单的小任务，配合番茄钟去做。比如你把一个“大青蛙”分解到 5 个番茄钟里，分别放在每天早上，就可以搞定了。当你会拆解一件事情基本等于你完成了 50% 或者以上，自己不会拆解的话可以求助有经验的人。

还有一种是习惯性拖延，有人把拖延当动力，享受倒计时的紧迫感、荷尔蒙带来的动力和刺激。同时，如果最后结果不尽如人意还可以有借口，比如“我最后才弄好啊”“我时间不够”等。如果是这样，就需要刻意更改这个习惯，比如从每天早上先完成一只“青蛙”开始。

11. 不知不觉时间就没了，感觉越管理越焦虑。

时间无相人无觉，建议你记录时间，并做好时间规划。

所谓“越管理越焦虑”，其实是你本来就焦虑，时间只是一面镜子，帮你照射出你的焦虑而已。所以，时间管理不是问题，如何面对真实的自己，以及如何解决问题更重要。当你不去做时间管理，你可能会忽视问题，但不代表它们不存在；在时间管理的最初阶段，你可能因为问题的暴露而感到焦虑，但是当你对自己时间的掌控力越来越强，这种焦虑感会逐渐降低。

12. 我的时感不够强，应该怎么做？

时感的培养非一朝一夕得来，而是需要一段时间的记录才可以的。比如说柳比歇夫，记录时间花销日志 56 年，才能达到身体好像内置了一块精确无比的时钟的境界。

建议你开始学习使用计划本，并辅助时间管理的手机应用来记录自己的时间日志，慢慢提升对时间的敏感度。

13. 我已经很习惯记录时间了，但是记录之后很少用来反思。

普通人做事是做计划—执行—失败—放弃—再计划，而高手擅长做计划—执行—反思—总结—再计划—执行。高手和普通人的区别在于反思的速度。如果你不会反思，可以看看别人的反思记录，或者刚开始时请高手来给建议。

14. 时间和精力不对等怎么办？比如我晚上下班有时间，但是精力不足以支持我做，只想摊在沙发上？

现在人为什么会觉得疲劳、心累、力不从心、忙不完呢？就是因为精力的供需不平衡。随着年龄的增长，我们的角色增多，精力需求会越来越大，比如说有了自己的家庭和孩子、父母年纪大了也需要照顾，工作上的责任越来越多。但是，没有经过刻意练习的话，精力的供给在30岁却开始慢慢下滑。当你上了一天班，精力已经消耗殆尽，回家自然没有精力去做事了。这个时候需要我们通过一系列的调整和训练来提高自己的精力。

15. 我用手机应用记录了一段时间，内心不想面对，自己竟然每天花这么多时间在玩手机上，怎么办？

首先，我想说这个同学非常勇敢而且诚实，很多人都选择不记录，是因为他知道自己玩手机的时间非常多，直接选择逃避。你能记录一段时间已经很不错了。如果你想改变，可以从试着合理安排放松时间开始。很多时候玩手机除了是一种习惯，还有一种可能是你主动放松的时间不够，大脑不由自主地做这种被动放松，然而这个方式并不会真的帮助你放松。

主动放松方式有很多，比如做呼吸训练、闭目养神、运动、散步等，专注于电子设备并不是很好的放松方式。

16. 我目标很模糊，无法精准地计划。

这个问题有两种可能，第一种是对目标本身模糊，不确定自己要什么。那么在这个阶段就暂时不做太长远的计划，先把眼前的事情做好。一稼老师在一个视频号里说过，人生是“之”字形的，你把当下的事情做到极致的时候，才会出现下一个转角，然而在这之前，你是没办法看到这个转角的。其实人的目标也不是线性的，以我为例，我最早只是在迷茫中开始做教练，后面发现，我不喜欢亲子之间的琐碎，也不喜欢亲密关系中的无奈，我更喜欢事业和个人成长，尤其是时间和精力这部分。目标是有一个探索的过程的，但谁说这个过程就没有意义呢？

第二种可能是你对目标怎样实现感到模糊。你知道自己想要什么，知道目标就在那里，但是不知道如何一步步走过去。那么，你可以找到一个对标人物，这个人是实现你想实现的目标的人，你可以通过互联网搜索这个人的资料，去梳理出他实现目标的过程。更高效的方式是直接去找这个人请教，来帮你拆解这个目标实现的步骤。当然，你还要思考前置性要素、资源能力是否匹配等，来决定是否需要降低难度，或者提升目标实现的速度。

17. 时间管理如何复盘及输出？感觉自己学了很多东西，一直在学，但不知道怎样检验。

时间管理的复盘和输出，最好的检验场就是实践，你的效率有没有提高？你对时间还有焦虑吗？你做计划的完成度和满意度如何？有没有一种笃定的状态，能不能更好地安排你的工作和生活？

这不仅仅是个时间管理的问题，更是个学习力的问题。我发现很多人学习时还处在“如何把知识记住和理解清楚”的阶段，其实成年人的学习，尤其学习“时间管理”“精力管理”“沟通技能”，你的目标不是记住多少知识，而是如何应用好这些技能。应用的最好方式就是不断去践行，在践行中发现问题，再去学习知识，如此形成一个闭环，而不是只想着去完成一篇多么完美的文章或者笔记。包括这本书，不要只是看一看，然后觉得“我知道了”，就没有然后了。真正去生活中运用、体会和反思，如此你才不会浪费掉阅读这本书的时间。

学员感想

1. 石上英　英特尔公司封装工程部资深经理

我跟着 Luna 学习了两年，这两年我的变化让自己都感到惊喜。

1）精力水平

随着阅历和资历的增长，身上的责任也越来越多，精力的消耗也变大了。我要面对的很多矛盾或者困境的根源就是精力不够。Luna 的精力管理体系则从根本上解决了问题，通过一系列的方法，让我的精气神焕然一新，处理手上的事情也越来越游刃有余。

2）降低“精神熵”

从踏入社会开始，我就一直在做加法，升职加薪，买大房子、换好车，买喜欢的东西，结交更多的朋友和应酬。这些外在的东西以不同的形式消耗着我的精力，让我慢慢地更加无法体会到生活的幸福。“断舍离”这个课特别好，通过“断物”来切断我对物品的内心投射，找到匮乏感的来源，也提高了我对生活的感知力。课程的理论我践行了两年，家里越来越整洁，留下的物品变少，但是却让我更多地与生活相连，幸福感加强。更重要的是通过“断物”，我也越来越了解自己，更好地感知自己。现代人每日忙忙碌碌，忘了停下来问一问自己：嗨，你最近好吗？这个过程让我找回了自我。

3）提升自尊自信，学会爱自己

为期一周的课让我重新建立了价值观体系：人要先学会爱自己，才能去爱别人。而我们平时所说的“爱自己”容易建立在物质层面，再加上消费主义陷阱，让我们误以为买好东西给自己就是爱自己，这个课让我重新认识了什么是真正的爱自己。开始践行这些价值观已有将近一年的时间，我从内心深处开始接纳自己，站在人群里我觉得自己自带光环。这个感受是我过去几十年都没体验过的，让我特别感动。Luna 老师的课程体系非常全面，我只是列举了对我最有帮助的一些课。衷心感谢 Luna 老师，我在人生最迷茫的时候遇到了她，她从根本上改变了我，现在她的新书上市，希望能给更多人带来指引，让更多人受益。

2. 徐徐　建筑设计行业创业者

1）状态的改变

我之前的状态：刚认识 Luna 的时候，我的状态不是很稳定，“鸡”自己两天，瘫一星期，就像一部坏了的车一样，不能持续稳定地运行；工作上，对事情的接纳少，抱怨多；生活中，情绪不够稳定、固执，认为自己都对，脾气大，对孩子的控制欲特别强。

现在我的状态：能做到每天稳定持续地输入输出，了解自己当下的状态，并且能找准适合自己的节奏，在工作、生活、学习上进行合理安排，实现“做计划自由”的状态——可以逼自己一把，也能安心让自己悠然自得地休息；目标感明确，有属于自己的决策原则，减少了很多之前不必要的纠结与内耗，生活过得轻松自在。

2）我的收获

我将从认知、行动力、物质、习惯养成、精神等方面，由表及里阐述 Luna 带给我的各个方面的收获。具体来说，认知层面的收获：在亲密关系和家庭教育方面，我明白要做 100 分的自己，80 分的妻子，60 分的妈妈；随着年龄的增长，我越来越爱上自己有趣的灵魂，相信自己是越来越智慧和成熟的，是越来越优秀的；除了事业和家庭，活出精彩丰富的人生才是自己最想要的。

行动力层面的收获：以前的我比较懒惰，会给自己贴上“拖延症”的标签。现在不论是工作还是生活，都能做到执行力满满，不给自己找借口，尽快给客户解决问题，生活中想到有事要做就马上执行，不再是“等以后有时间”。这样做除了让我更能享受到当下，内心也感到更加快乐和满足。

物质层面的收获：跟随 Luna 学习的第一年，年收入是之前的两倍，收获满满；通过践行 Luna 的断舍离课程两年，家里的物品都有了属于它们的位置，并且我特别珍惜和喜爱当下的每一件物品，每天做家务只需要 20 分钟左右。

习惯养成层面的收获：我养成了很多好习惯，也正是这些好习惯成就了现在的我，让我每天都能在生活和工作上张弛有度，收放自如。这些习惯有：早睡早起，细嚼慢咽，运动，保持断舍离，坚持使用 Luna Calendar，自我反思，自我更新。

精神层面的收获：精准设定自己的决策原则，了解自己想成为什么样的人，有远大的目标，并且能将目标拆解成一个个小目标，这样踮踮脚就可以实现小目标；与父母、女儿的亲密关系得到了很大改善——更加理解她们，用心感恩她们，用自己的实际行动来表达对他们的爱。

3）我的感恩：

感恩 Luna 陪伴式的成长，从底层带领我们做情绪释放清理、认知改变、降低“熵”，开始改变自己。Luna 这位真实、真诚、有德行的老师，不仅陪伴我成长，赋予我能量，也挖掘了我的内在智慧和力量。每一次我的一点点进步她都看得见，她比我还了解我自己，让我不断有所收获，越来越自信，越来越有勇气，让我能实实在在感受到自己的进步，活成自己的太阳，散发自己的光芒。马上是我跟随她学习的第三年，感恩的话也说了很多，我会用行动来感谢她，用成长和优异表现来回馈她。

3. 王妤　公司职员

大家好，我叫王妤，来自青岛，是一名普通职员。曾经的我上班混日子，下班追剧，吃起来肆无忌惮，根本懒得运动，体重高达 160 斤。我每天的关注点就在老公、孩子身上，与老公、婆婆的关系处理不好，让自己变得像个怨妇，而且脾气暴躁，每天瞎想，生活一地鸡毛……是的，这就是我遇到 Luna 之前的状态。

我上 Luna 的课是经一个爱学习的朋友强烈推荐的，第一次在视频课中见到 Luna，第一感觉是这个姑娘温柔却有力量，上过一次 Luna 的课后我就知道这个老师我得跟着。她上课从来没有废话，也不会去吹嘘自己的成绩、经历，所以我认识了她大半年才大体了解了她的背景。因为她对时间非常珍惜，她的课程真的全是干货，她就是实实在在地把自己知道的、学员需要的给到大家。我被 Luna 强大的学习能力、收放自如的自律能力、让人惊叹的精力管理能力、自我疗愈能力和对学员问题一针见血的分析能力深深圈粉。

就是跟着这样的 Luna 学习，我的生活才悄然改变，用一句话总结就是“见到了一个没见过的全新的自己”。

我轻松愉快地减重 30 多斤，只是因为听 Luna 课上说的好好吃饭、好好睡觉、好好运动、放掉坏情绪。从这些看似简单却很难做好的事情上慢慢实践，最终收获颇丰。精力好了，精神面貌也不一样了，我更自信了，早上同事都会被我积极乐观的状态所感染。

我的认知提升了，心态也开放了，从只关注老公孩子到现在会拿出很多时间和精力用在提升和改变自己身上，对生活中的不如意，接纳度更高了，家庭关系更和谐了。我以前遇到困难就会退缩、自怨自艾，现在则会直面问题，快速找到解决办法，提升了行动力，根本没有时间胡思乱想。

Luna 常说一句话："慢就是快。"Luna 自己也是一步一个脚印地带领学员们稳步向前，我虽然进步慢，但是并不焦虑，因为我相信只要跟着 Luna，照她说的做，一点点改变，自己就会变得更好。

感恩 Luna 老师，感谢您的真实，感谢您的大爱，感恩遇到您，人生路上有您这个明师，踏实，足矣！

预祝 Luna 老师新书大卖。

4. 大白　重点小学老师

我是大白，是一位上海重点小学的老师，我非常热爱教育事业，在工作上几乎倾注了自己所有的时间。5 年来，我在教学中获奖无数，我获奖的学生超过 500 人次，也成了骨干教师和青年教师的带教师傅。在很多人看来，我就是学霸，无比优秀。但是我自己却知道，我的成绩是用时间换来的，除了睡觉、吃饭、上厕所，我基本没有属于自己的生活、没有社交娱乐，更别说享受美食和运动了。我的精神每天都是紧绷的，不敢停下来，生怕停下来就被别人超过了，就不会出成绩了，时间就是我的一切！

2019年遇到Luna后，我发现她做什么事情都无比轻松，但又有那么多惊人的成绩，样样精通，且时间和精力永远都是满格状态。我对她产生了极度的好奇，这才是真学霸呀！

当我约了Luna进行一对一咨询之后，便被她彻底折服了，我第一次听到“时间折叠能力”“人生错题本”“自我使用说明书”等时便被震撼到了。我第一次深刻认识到成绩 = 时间 × 学习方法，而我最开始只是投入了时间，却没有关注“学习力”的提升，而学习力可以让人快速进步！

对学习力的课程的学习重塑了我的学习思维模式，大大提升了我的进步速度。随后老师又带着我觉察到了影响自己的行为模式和情绪模式，我开始带着觉知去生活，每天写情绪日记，写人生错题本，进行镜子练习以及提升自己的行动力。从不运动的我尝试了8种运动，终于找到了自己热爱的运动方式。

从认识Luna老师到现在已经两年时间了，我从最开始的拼命工作，到现在有张有弛地轻松生活；从原来遇到问题时就会焦虑，到现在以解决问题的角度去对待；从原来不爱运动、爱吃垃圾食品，到现在健康的生活模式。我更勇敢了，更知道自己想要什么了，更爱自己了。我相信自己的状态还会更好！

5. 丹丹　腾讯高级产品经理

我是一个高效能二胎妈妈，也是腾讯高级产品经理，腾讯公司讲师，精力管理践行者，生活平衡践行者。我就是传说中 Luna 的第一位学生。

我在 2018 年结识 Luna，2019 年开始跟着 Luna 正式学习。这两三年的时间让我换了个人，也换了个活法，取得了超过过去 10 年所取得的进步。有幸遇到 Luna，让我更清醒地活着，更有勇气做自己，更坚不可摧，不畏余生。

2018 年，我诸事不顺，落入人生谷底，还意外怀有二胎，眼泪汪汪地遇到了 Luna；2019 到 2020 年，老公事业忙，一周六天基本每晚 11 点后到家，我的人生逐步进入到“挑战大 boss”模式：抚养俩孩子、工作基本“996”、项目临时取消……

生活虐我千百遍，我待生活如初恋。即使生活如此糟糕，我还是怀揣着一颗迫不及待想要学习、想要改变的心。事实上，我居然一步步实现了跃迁，人生也慢慢开始进入正循环。而这个过程的实现，如果没有 Luna 的帮助，我没有勇气想象。

这两年时间，我跟着 Luna 学习，养成了每天精进的习惯，也逐步把自己培养成了一个浑身蕴含各种宝藏、对中年危机有免疫力的职场二胎妈妈。

时间管理、精力管理课程让我做到工作中不断探索更高效的工作方法，在有限的时间内做到高质量陪娃，还可以每天至少学习两个小时。

学习力课程助力我实现了事业的成功转型和逐步跃迁；自尊自爱自信和轻疗愈课程让我开始学习与自己相处、与自己和解；断舍离课程让我抽丝剥茧，看到了最真实的自己，领悟了取舍的人生大智慧；我还养成了很多受益终生的好习惯，如早起、每日阅读、每日时间记录、每日复盘与错题本记录、一周3到4次健身、轻断食……

跟着Luna学习，让我在生活的方方面面受益：从职场到家庭、亲密关系、亲子，从自我改变到影响家人；都说“最好的教育，是言传身教”，这点也从我女儿的身上一步步得到了验证。

感恩人生有幸遇到Luna，让我逐步掌控了人生，也尝到了学习重塑人生的甜头。我会一直坚持学习，遇见不断惊喜的自己。

图书在版编目(CIP)数据

了不起的时间管理：让你人生效率翻倍的七步投资法 / 唐希媛著. —北京：中国法制出版社，2022.4（2022. 12 重印）

ISBN 978-7-5216-2501-1

Ⅰ. ①了…　Ⅱ. ①唐…　Ⅲ. ①时间－管理　Ⅳ. ①C935

中国版本图书馆CIP数据核字（2022）第021503号

策划编辑：陈晓冉　　责任编辑：陈晓冉　　封面设计：汪要军

了不起的时间管理：让你人生效率翻倍的七步投资法

LIAOBUQI DE SHIJIAN GUANLI: RANGNI RENSHENG XIAOLÜ FANBEI DE QIBU TOUZIFA

著者 / 唐希媛

经销 / 新华书店

印刷 / 北京虎彩文化传播有限公司

开本 / 880毫米 × 1230毫米　32开　　印张 / 7.75　字数 / 147千

版次 / 2022年4月第1版　　2022年12月第3次印刷

中国法制出版社出版

书号ISBN 978-7-5216-2501-1　　定价：49.80元

北京市西城区西便门西里甲16号西便门办公区

邮政编码：100053　　传真：010-63141600

网址：http://www.zgfzs.com　　**编辑部电话**：010-63141838

市场营销部电话：010-63141612　　**印务部电话**：010-63141606

（如有印装质量问题，请与本社印务部联系。）